点检定修制

——实用型 TPM

宋　进　编著

上海科学技术出版社

内 容 提 要

本书系统阐释了点检定修制的由来，重点突出建立以点检为核心的设备维修管理体制、操作者自主维修、设备劣化倾向管理、点检管理和定修管理。本书共分为6章，内容包括点检定修制与TPM的相互关系、有关点检定修制的基本内容、设备维修管理考核指标及考核办法、如何推行点检定修制及在推行中几个值得关注和探讨的问题。为了便于读者思考，还增加了附表和附图。

本书注重理论与实践的结合，实用性强。读者对象为大、中型工业企业高层管理人员，设备管理部门及相关职能部门主管、各生产部门主管、技术人员、点检员、操作人员、检修人员，以及高等院校相关学生、研究人员等。

图书在版编目（CIP）数据

点检定修制 ： 实用型TPM / 宋进编著. -- 上海 ：
上海科学技术出版社， 2020.9（2023.4重印）
ISBN 978-7-5478-4975-0

Ⅰ. ①点… Ⅱ. ①宋… Ⅲ. ①企业管理－设备管理
Ⅳ. ①F273.4

中国版本图书馆CIP数据核字(2020)第117744号

点检定修制
——实用型 TPM
宋 进 编著

上海世纪出版（集团）有限公司
上 海 科 学 技 术 出 版 社 出版、发行
（上海市闵行区号景路159弄A座9F-10F）
邮政编码 201101 www.sstp.cn
上海当纳利印刷有限公司印刷
开本 787×1092 1/16 印张 13.25
字数：220千字
2020年9月第1版 2023年4月第4次印刷
ISBN 978-7-5478-4975-0/F·24
定价：65.00元

前言

当今我国相当一部分工业企业在设备维修管理方式上依旧沿用过去传统的计划预修制或设备三级保养制，但是这已无法适应现代化工业发展的需求。因此，对于现行的计划维修制度，从速加以改革是十分必要的。维修制度应该从单纯的以时间周期为基础逐步发展到以设备的实际技术状态为基础，不仅要看设备运转了多长时间，还要考虑设备的实际技术状况，以此来确定设备是否需要维修，即从静态管理发展到动态管理。只有采用先进的设备维修管理方式，才能最大限度地发展生产力。

点检定修制是我国在引进、消化日本全员生产维修管理方式（TPM）基础上，结合国情，经融合提炼后逐步形成和发展起来的具有中国特色的一套现代化设备维修管理制度，是实现设备可靠性、维修性、经济性，并使"三性"达到最优化的有力保障。从某种意义上讲，日本 TPM 的基本理念是"三全"（全效率、全系统、全员），其核心是点检定修制。日本著名学者中岛清一先生把 TPM 称为"日本版的设备综合工程学"，而我们把点检定修制称为"中国版的 TPM"。

点检定修制不仅适用于连续式流程型生产作业线的工业企业，如冶金、石化、电力、造纸、制药、烟草、制糖、汽车制造等，也可根据实际情况稍作修改后用于其他类型的工业企业。

本书部分内容曾在《中国设备管理》《冶金设备维修与管理》《冶金装备现代化管理》等书刊上公开发表过，并已试用作国家点检员职业资格鉴定培训教材。

本书主旨明确、论述简明、方法易行、适用性强，可作为工业企业推进点检定修制的实用教材。

本书在编写期间承蒙吴天中、郑克杰、陈亮、李辉、汪东、刘朝晖、赵春旺、姚铁、吴振宝、楼诚杰、戚映年、杨永超、王建华、杨磊、王松军、邢建军等诸位专家的协助，在此表示诚挚的感谢。

本人学识有限，书中错漏之处在所难免，还请读者不吝赐教。

宋　进

2020 年 8 月

目录

第 1 章

绪　论

1.1 现代化设备维修管理的重要性

现代化工业企业是运用设备和设备体系进行生产活动的，设备是现代化工业企业生产的基本手段和必要的物质基础。随着我国市场经济体制的建立和现代化设备的广泛应用，设备维修管理已经成为关系到企业经济效益和企业生存与发展的重要因素之一。在现代化生产条件下，由于设备直接完成了产品的生产过程，因此设备在生产活动中的地位越来越重要，产品的产量、质量、成本和生产安全、能耗等在很大程度上受着设备技术状况的影响，尤其在当下，各种高效、低耗的现代化设备被广泛地推广和应用，使劳动生产力和经济效益迅速提升。因此，做好设备维修管理是提高企业生产经营管理水平的重要环节。

对于一个现代化企业来讲，要达到好的产品质量，谋求生产稳定，就必须提高设备的可靠性，确保设备稳定运转。通过采用现代化设备维修管理方式，强化设备维修管理，可以使设备最大限度地减少突发故障的发生及损失，最大限度地减少修理时间和费用，使其效益最大化，设备维修管理的目标就是要充分满足这些要求。

现代化设备具有大型化、高速化、连续化、精密化、自动化、装备先进、结构复杂等特点，这些特点给企业带来了较高经济效益的同时，也带来了停机损失大、维修难度大、维修成本高等一系列难题。

对此，设备维修管理部门面临的课题是：

(1) 减少故障停机时间，提高设备有效作业率。

(2) 通过有效的维修管理和设备的改善，保持设备精度和功能。

(3) 在维修中合理地使用人力、物力和资金等，降低维修成本。

(4) 不断提高维修技能和水平，使维修人员具有对设备异常的快速反应能力。

(5) 建立预防性维修体系，实现设备维修系统信息化管理。

(6) 采用先进的设备维修管理方式，选定能预测故障、排除隐患的有预见性、计划性的维修管理制度。

随着设备现代化的推进，设备维修管理在现代化工业企业生产活动中占有极为重要的地位，因此采用先进的设备维修管理方式尤为重要。

对于一个企业来讲，首先要依据企业的生产大纲和经营方针、目标来制定出设备维修管理总的方针与目标。现代化设备维修管理的理念是强调**“三最”——状态最佳、费用最省、效率最高**。对此，企业的维修管理方针应定为**“长期、安全、持续、顺行、稳产、高产”**，其管理目标为**“追求最高的设备综合效率和最低的寿命周期费用”**。为了确保上述维修管理方针与目标的实施，必须要制定有效的对策，即要确定一个与它相适应的设备维修管理方式，这样就引出了维修管理工作中的一个重要决策性问题——选择什么样的维修管理方式来适应现代化设备最合理的维护和检修。选择的原则是：选定能**预测故障**、**排除隐患**的有**预见性**、**计划性**、**针对性**的设备维修管理方式。基于这样的原则，国内外有不少企业会选用日本的全员生产维修管理方式(Total Productive Maintenance，TPM)。

1.2　推行 TPM 是当代设备维修管理的发展总趋势

1.2.1　TPM 的含义

TPM 的含义：以设备综合效率(Overall Equipment Effectiveness，OEE)最大化为目标，以设备的时序、空间为载体，以全体人员参与为基础的现代化设备维修管理方式。

1971 年，日本设备工程师协会(JIPE)对 TPM 进行了定义，其由**五个要素**构成，归结为**"三全"**，如图 1-1 所示。

〈全效率〉　1. 以提高设备综合效率为目标

〈全系统〉
- 2. 建立以设备全寿命周期为对象的生产维修系统，确保全寿命周期内无公害、无污染、安全生产
- 3. 涉及设备的规划、使用和维修等所有部门

〈全员〉
- 4. 从企业领导到生产第一线工人全体人员参加
- 5. 开展以小组为单位的自主管理活动，推进生产维修

图 1-1　构成 TPM 的五个要素

TPM 的三个"全"所包含的内容是全效率、全系统、全员。

全效率是指设备综合工程学提出的设备综合效率，即对设备全寿命周期费用的评价和把设备综合效率提升到最高的目标；全系统是指建立以设备一生管理为对象的生产维修的四种不同维修手段，以达到系统化，它是 TPM 的载体；全员是指凡是参加生产过程的一切人员都要关心或参加设备维修管理工作，体现了这套维修管理方式的群体性特征，它是 TPM 的基础。

三个"**全**"之间的关系是：全效率是**目标**，全系统是**载体**，全员是**基础**。

要素 1 所表述的是 TPM 所追求的目标——实现全效率，即追求生产系统综合效率最大化，而提高 OEE 则是其实现的根本途径。设备综合效率反映了设备在计划开机时间，即负荷时间内的有效利用率，反映了设备维修和功能发挥的状况，而提高设备综合效率的主

要对策是降低“六大损失”(设备故障损失、空运转与短暂停机损失、速度降低损失、非计划调整损失、产品缺陷损失、初期不良损失)。

要素 2 和要素 3 所表述的是 TPM 对设备寿命周期实行的全系统管理。生产维修系统包括了对设备所采用的四种维修手段和方法：从设备设计开始考虑维修预防；对关键、重要设备在使用过程中实行日常保全和定期保全为主要内容的预防维修；设备故障时为防止重复故障而采用的改善维修；对一般设备，综合考虑经济性和产品特性的事后维修。由此，构成了以设备一生管理为对象的完整的生产维修系统。

设备一生管理是指依据设备综合管理的理论，实行自设备的规划研究起直至报废全过程的管理，即把设备的全寿命周期作为管理对象，加强全过程各个环节之间的协调，以实现最佳的设备整体管理。设备一生管理大致可划分为规划研究、设计、制造、选型购置、安装调试、使用维修、更新改造、报废等各个阶段，如图 1－2 所示。

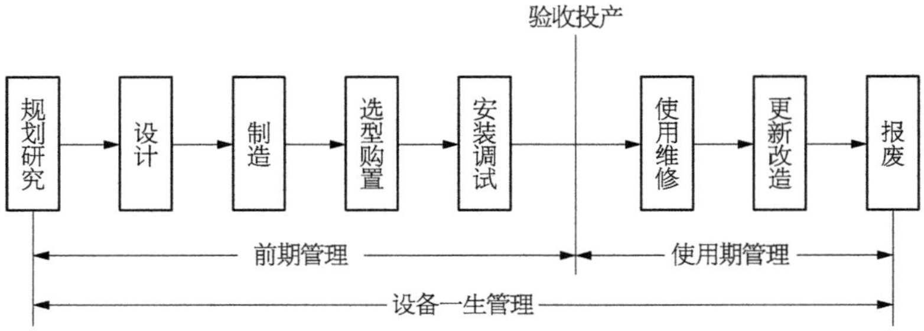

图 1－2　设备一生管理

TPM 强调设备设计、制造与使用相结合，加强设备一生管理中的前期与使用期的联系，通过信息反馈互相协调，避免设备研制与设备使用之间的脱节，从而提高设备的可靠性、维修性和经济性。设备的前期管理是指从设备规划至安装调试这一时间段的管理，它是设备一生管理中的重要环节。重视和强化设备前期各个环节的管理，可为设备使用期管理创造良好的条件，对提升企业装备技术水平和发挥设备投产效益具有深远意义。

设备使用单位务必要重视信息的反馈。单位在设备使用、维修过程中，需把有关设备可靠性、维修性、能源消耗、人机配合等方面的信息如实向设备研制单位反馈，促使设备研制单位不断改进或研发新产品。同样，设备研制单位也可通过用户回访等，让使用单位从中获取所需信息以提升装备技术水平和经济的寿命周期费用。

要素 4 和要素 5 所表述的是全员管理，这是 TPM 的基础。

在要素 4 中强调全员参加，即发动企业内所有与设备有关的人员都来关心和参与设备维修管理工作。对设备实行全过程管理是一项系统性工程，具有许多管理环节，单纯依靠设备部门的专业管理显然不能满足设备维修管理的需求，因此需动员企业全体成员，使人人关心设备、全体参与管理，才能真正把设备管好。这其中尤其需要让生产操作人员参与进来，他们是设备的直接使用者，对设备的性能和技术状况较为清楚，搞好设备维修管理工作的关键就在于此——让生产操作人员参加日常点检，强化设备维护保养，按作业标准进行作业。在企业纵向方面，从最高领导层至生产第一线的操作人员，都来关心和参加设备维修管理工作，生产操作人员在准确操作使用设备的同时，也要参与一些设备维护保养和日常管理工作，通过日常点检把故障消灭在萌芽状态；在横向方面，把与设备有关的规划、设计、制造、使用、维修等单位或部门都组织到设备维修管理中来，各自承担相应的责任。这样，便构成了一个上下左右相互协调配合的设备维修管理网。

要素 5 突出自主管理，这是企业基层管理的基础。

JK 小组活动是实施自主管理的重要组织措施，JK 是日文自主管理(Jisyu Kanri)的罗马字缩写。它的特点是不需要上级指令，而由车间中若干人员自发组成小组进行活动，针对现场实际问题自主选择课题，其宗旨是为了提高设备有效作业率、消除设备缺陷、减少故障时间和损失，使设备能更充分地发挥其效能。通过 JK 小组活动，使小组每个成员发挥才干，相互配合协作为完成预定目标而进行活动。

小组一般由若干个人(3～5 人)组成，成员自选小组负责人，制定活动目标。JK 小组活动的主要内容如下：

根据上级方针制定 JK 小组的目标；分析现状，提出改进对策，付诸实施；记录实施结果，并进行分析评估；召开自主管理成果发布会，发表成果，制定新的目标。

JK 活动已成为培育自主型员工的主要方法，通过 JK 活动，能够培育员工自我管理、自觉工作、自发进取、自主解决问题的独立能力，从而推进了生产维修。

1.2.2 全员生产维修与生产维修的主要差异

全员生产维修与生产维修的差异主要在一个**“T”**(Total)字上，即“全员”。

1) 推行 TPM 的基础是全员(T)

全员参加的“全员性”主要体现在以下三个方面。

(1) 参加维修活动的不仅有维修部门，还有生产操作人员。生产操作人员参加设备维修活动，应有具体管理项目和内容，要与点检方、检修方共同协商，签订维修分工协议。除了要准确操作、使用设备外，生产操作人员还必须承担相关设备的维护保养、日常点检作业(即操作点检)和一般设备维修管理业务。

(2) 各经营、生产管理职能部门都要参加设备维修管理，具体业务要求在各相关专业管理制度中有明确规定。

（3）把设备维修管理工作纳入公司和各分厂（部）的经营计划，设备维修管理目标是公司总经理和各分厂（部）长的任期目标之一。

第 3 条是前两条落实的前提，是最重要的一个方面。但最难推进的是第 1 条。**为什么 TPM 在中国尚未普及？**关键就在于生产操作人员的**自主维修**理念尚未形成。

在此须重申，TPM 的基础是全员管理，特别强调操作者自主维修（开展 JK 小组活动），这是过去所没有提到的，是仅日本有的特点，美国与欧洲（瑞典、英国、德国等国）均未做到。

推行 TPM，企业领导需要有很强的决心和毅力。对于推行 TPM 的企业来讲，判定基层全员是否到位，务必抓住其主要特征：一个是专职点检员作为管理方其核心地位有否形成；另一个是生产操作人员自主维修有否到位。两者缺一不可。对此，在企业内必须建立以点检为核心的设备维修管理体制，同时应树立生产人员参加设备维护是实行全员管理的基础这一理念。

2）生产人员参加设备维护是实行全员管理的基础

在企业文化中要树立**“设备维护，人人有责”**的理念，彻底根除以往操作方“我负责生产，你负责维护”的想法。不少企业在引进 TPM 之前，生产现场的点检作业、故障排除工作完全属于维修部门。

设备维护的工作极其重要，并不能由维修部门独立完成。生产操作部门与设备维修部门之间应明确划分各自职责，以使维修工作进行得高效且经济。因此，操作人员要学会自主维修的技能。

自主维修是以设备的日常保全为基础，开展设备自主改善活动。通过小组活动，自主制定适合作业场所的点检、清扫、注油、紧固、调整、小修理等基准，并按照基准开展工作，由此培养自主管理的能力。这是 TPM 的一大亮点。

自主维修活动可视为 TPM 推进成功与否的重要评价标准之一，因此要对操作者自主维修加以重视。如果能成功地推进自主维修活动并形成制度，将会使 TPM 在企业中更易持续开展。自主维修就是自主管理，是企业基层设备维修管理的具体体现，对生产操作方来讲，自己操作使用的设备理应由自己来维护管理。

在此须重申，没有生产操作人员参加的日常点检活动，不能称之为点检制。

推进自主维修后，生产操作人员的工作不再局限于一成不变的生产作业。借助自主维修活动，工作多样化及不断地应对设备问题的挑战，不仅增加了生产操作人员对设备的关注程度，而且也提高了他们的设备维护技能及解决设备问题的能力。该方面的内容将在 1.3 节详解。

TPM 最大的特点是强调全员管理，它是 TPM 的基础，而全员管理的基础是操作者自主维修，故**操作者自主维修乃是 TPM 基础的基础**。

在当今现代化设备维修管理中，生产操作人员负有用好、维护好设备的直接责任。生产操作人员参加设备维护，并不是单纯为了分担设备维修人员的工作，更重要的是有利于预防设备故障的发生。因为生产人员每天操作设备，最了解设备，有利于开展日常点检和日常维护工作，是做好设备全员管理的基础，也是防止设备故障的第一道防线。因此，必须牢固树立全员管理思想，破除"设备维修管理只是设备人员的事"的传统观念。总之，生产人员与维修人员要密切配合，强化一体化思想，严格履行维修业务分工中各自应承担的责任，共同搞好设备维修管理工作。

1.2.3 TPM与五制的关系

"五制配套"的基层管理模式(图1-3)：以作业长制为中心，以计划值管理为目标，以设备点检定修制为重点，以标准化作业为准绳，以自主管理为基础。

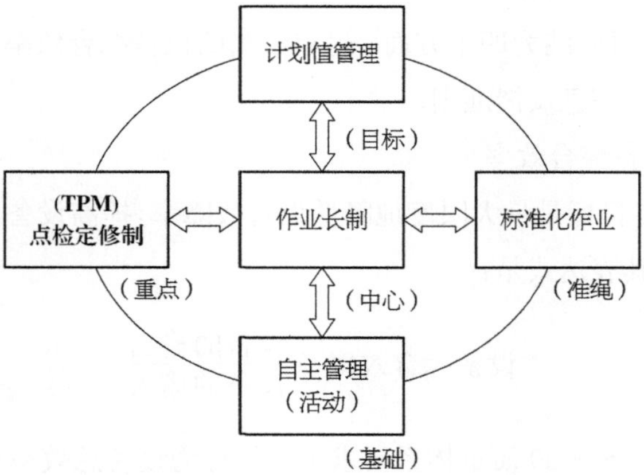

图1-3 "五制配套"的基层管理模式

该基层管理模式的主要特点：重心下移、权力委让、工序服从。

其中，点检定修制是确保设备技术状态稳定和设备维修费用合理投入的关键所在。这五个方面按照它们各自的地位和作用有机地结合在一起，被称为"五制配套"的基层管理模式。这套基层管理模式参考了日本新日铁的管理模式。

需要说明的是，在宝钢引进的七套管理方式(组织管理、原料管理、生产管理、技术管理、设备管理、能源管理、运输管理)中，唯独把TPM纳入其基层管理模式中并作为重点，可见它的地位之重要。

(1) 作业长是生产一线(现场)的管理者，是实现一切工作目标的责任者。

(2) 计划值管理是对计划值实施集中一贯管理的方式，是正确运用计划值而开展的一切业务活动的总称。与设备相关的是维修计划值，维修计划值是指公司计划部门给定的主作业线年度、季度、月度停产检修时间。

(3) 标准化作业能促进行为习惯的养成，使员工的作业行为规范化，是工作质量的有力保障。

(4) 自主管理活动(JK 活动)是建设自主型员工队伍——培养员工自我管理、自觉工作、自发进取、自主解决问题的独立能力的主要方法。

(5) 点检定修制是确保设备技术状态稳定和设备维修费用合理投入的关键所在。

在宝钢基层管理模式中，推进难度较大的是作业长制，国内已有不少企业曾尝试过，均以失败告终。我国电力行业的下属发电企业在推行宝钢基层管理模式时，并没有照搬照抄，而是结合厂情把五制配套中的“以作业长制为中心”改为“以设备主管为核心的岗位责任制为中心”，效果也较佳，可以借鉴。一旦条件成熟后，便可推行作业长制。

1.2.4 TPM 的主要特点

TPM 的主要特点可归纳为四个方面：追求最高的设备综合效率；以设备一生为研究对象；全员参加生产维修；信息反馈准则。

1) 追求最高的设备综合效率

推行 TPM 的最终目标是最大限度地降低设备故障率，提高设备综合效率，以最少的输入获得最多的输出。其表达式是：

$$\text{设备综合效率}=\frac{\text{设备的输出}}{\text{设备的输入}} \tag{1-1}$$

设备综合效率在 QS 9000 质量体系要求中也被称为设备总效率。

设备综合效率由时间开动率、性能开动率和合格品率三要素构成。其计算公式为：

设备综合效率 = **时间开动率**(可用水平) × **性能开动率**(运行水平) × **合格品率**(质量水平) (1-2)

式中：

$$\text{时间开动率}=\text{实际开动时间}/\text{日历时间}\times 100\%$$

$$\begin{aligned}\text{性能开动率}&=\text{理论加工周期}\times\text{产量}/\text{实际开动时间}\times 100\%\\&=\text{实际小时产量}/\text{设计小时产量}\times 100\%\end{aligned}$$

$$\text{合格品率}=\text{合格品量}/\text{总产量}\times 100\%$$

通过对时间开动率、性能开动率和合格品率的计算来反映影响设备综合效率的停机损失、速度损失和废次品损失，使各类损失定量化。

从以上三个指标分析来看，时间开动率指标不仅反映设备在生产中的状况，而且能衡量贯彻 TPM 的效果。因为若点检得当，维修效果好，那么时间开动率必然会提高。性能开动率指标既反映了设备有效作业率，又反映了生产操作人员使用设备的状况、设备功能和精度状况(性能指标包含功能、精度)。合格品率指标反映了设备的技术状态和精度对产品质量的影响，也反映了设备改善、调整的水平。

三个指标理想的期望值是：时间开动率 ≥ 90%，性能开动率 ≥ 95%，合格品率 ≥ 99%。若三个指标均能达到期望值，则设备综合效率可达到 85%或以上。

在日本，每年通过评审颁发 TPM 优秀单位奖，但获得该奖项的前提条件是设备综合效率≥85%，因此提高设备综合效率就是提高生产率。通过推进 TPM，可提高人员、设备和企业的素质。

拓展阅读

流程型企业设备综合效率的计算方法

(1) 设备的六大损失与设备综合效率的关系如图 1-4 所示。

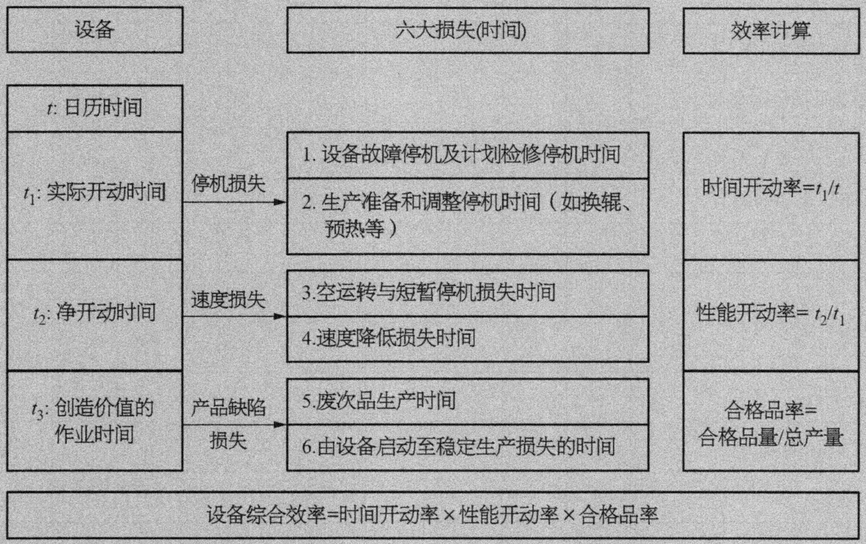

图 1-4 设备的六大损失与设备综合效率的关系图

(2) 设备综合效率的计算如式(1-2)所示。

(3) 设备综合效率在流程型企业中的应用。

① 应用的预准备。

(a) 确定集中与分散相结合的原则：企业设备主管部门负责集中管理各厂(部)的主作业线及关键设备的综合效率，其他设备的综合效率由各厂(部)自行计算管理。

(b) 对各类时间和速度的损失以量化数据进行表达，通过对计算公式分解、细化，使不同的产线、工序的数据可量化采集。

(c) 计算中适当采用一些设计数据，并折合为标准产品有关数据的换算系数，从而排除较为复杂但对总指标计算影响不大的变动因素，如因计划原因引起的生产量或产品规格的变化、轧制品种改变时需确定产品设计加工周期等数据。

(d) 掌握设计时(包括改造后)设备的生产能力。

② 数据的采集与计算格式见表 1-1。

表 1-1　设备综合效率数据计算采集与计算格式表

月份	1 月	2 月	3 月	4 月	5 月	6 月	7 月	8 月	9 月	10 月	11 月	12 月
日历时间(h)												
实际开动时间(h)												
检修时间实绩(h)												
生产辅助时间实绩(h)												
事故(故障)时间实绩(h)												
待料时间实绩(h)												
设计小时产量(t/h)												
合格品(万 t)												
废品(万 t)												
产量(万 t)												
实际小时产量(t/h)												
时间开动率(%)												
性能开动率(%)												
合格品率(%)												
设备综合效率(%)												

注：理论平均小时产量按初步设计资料推算。

企业将设备综合效率指标作为对各厂(部)设备维修管理重点推进评价指标之一。

2）以设备一生为研究对象

在TPM的实施过程中，从设备规划和设计开发阶段起就要着手考虑其可靠性、维修性和经济性，尤其是可靠性，由于设备可靠性问题的99%是在设计阶段解决的，故在设备使用阶段想要再提高设备可靠性十分困难。设备的可靠性是指设备精度、功能的保持性、零部件的耐用性等，这是设备能否准确、安全、可靠地运行的要素；维修性是指可修性或易修性，它是影响设备维修人员工作量和维修费用高低的要素；经济性是指设备一生的经济性要素，即包括设备购置费和维修费在内，以设备寿命周期费用最经济为标准进行选择，换句话说，它是以设备一生的寿命周期费用为依据来衡量的，即在寿命周期费用合理的基础上追求设备投入的经济效益最佳。

可靠性、维修性和经济性三者的关系如图1－5所示。

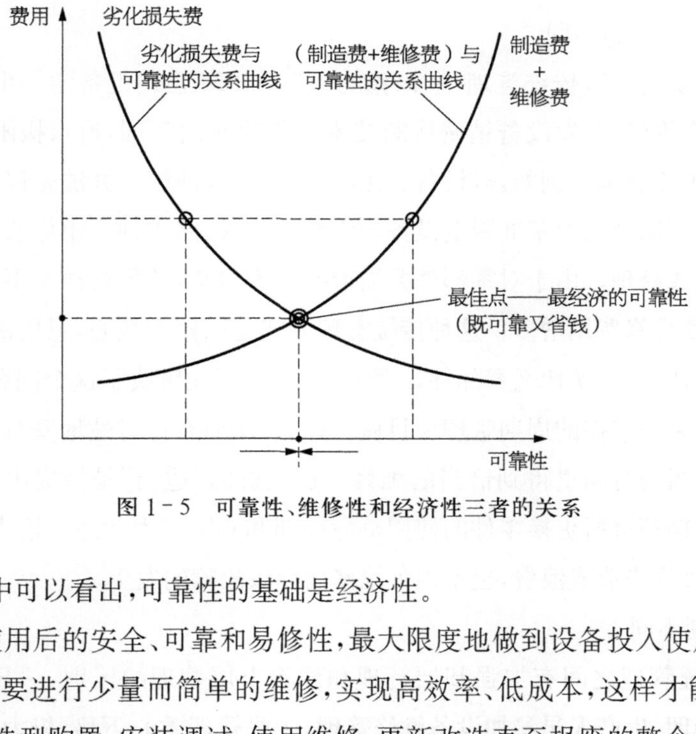

图1－5 可靠性、维修性和经济性三者的关系

从图1－5中可以看出，可靠性的基础是经济性。

强调投入使用后的安全、可靠和易修性，最大限度地做到设备投入使用后不需要对它进行维修或只需要进行少量而简单的维修，实现高效率、低成本，这样才能确保设备从规划、设计、制造、选型购置、安装调试、使用维修、更新改造直至报废的整个寿命周期费用的最经济合理，这也体现了只有以设备一生为研究对象，实行全过程的综合管理才是提高设备综合效率的根本途径。

3）全员参加生产维修

通过TPM，围绕实现企业经营总目标，从企业的最高领导层到一线生产操作人员及设备技术人员、维修人员和管理人员等企业各阶层的全体人员都要参加和关心设备维修管理工作，并切实做到各司其职、各尽其责，为实现企业的总目标而共同努力。

4）信息反馈准则

通过对设备的预防性检查，将检查结果所获取的有关信息及时反馈到维修部门、管理部门、设计部门、制造部门，使之及时进行处置，促进设备寿命周期费用最佳化，并不断提升企业的装备水平，适应新产品开发，提高企业的竞争能力和获利能力。

综上所述，TPM 是以设备综合效率为目标，它与设备综合工程学的以“**最经济的设备寿命周期费用**”为目标具有相似的概念，并且在**以设备的一生为研究对象的全系统管理方法**上有共同之处，所不同的仅在**全员管理**上存在差异。所以说 TPM 也是英国的设备综合工程学在日本的实践，即日本版的设备综合工程学，且在设备维修管理水准上要比设备综合工程学稍高些，即实行全员管理，强化“**操作者自主维修**”。

1.2.5 我国传统设备维修管理与 TPM 的差异

1）管理的主导思想不同

TPM 是“以**防**为主”，传统管理是“以**修**为主”。TPM 强调设备的**一生管理**、**全系统管理**，追求**预知状态维修**，开发**设备精密诊断技术**和**劣化倾向管理**，追求**极限维修**，其目标是减少故障，降低维修成本。例如，对设备劣化的处置，传统的解决办法是以计划预修制或三级保养制的修理周期结构为基准制定设备的维修计划，按照大、中、小修或三级保养所规定的内容进行维护或修理。由于对零部件磨损情况并不清楚，结果往往是不该更换的零部件也被更换下来，使维修费用增多。这种传统管理方式是以修为核心，只解决了什么时候修，而没有解决该修什么、更换什么零部件。而实行 TPM 后便解决了这个问题，因为设备的维修按照点检的结果和掌控的周期管理项目做了计划，从而有针对性地安排定期维修。这样可以使设备在适当的时间里得到恰当的维修。这里讲的“**适当**”是指提出的计划维修项目和设定的检修周期符合所更换零件的使用寿命周期和实际技术状态；“**恰当**”是指维修做到针对性，既不因过维修造成浪费，也不因欠维修而导致故障的发生。

2）管理原则不同

TPM 与传统管理之间有加强**基层**管理和注重**上层**管理的区别。TPM 强调**基层（基础）管理**、**全员管理**、**生产人员参加设备维修管理**，主张**管理重心下移**、**权力委让**、**责任下沉**，传统管理是强调**上层少数人的管理**。

3）管理方法不同

TPM 强调**高效率**，是**信息传输迅速**、**畅通**的**集中型**管理方法。TPM 让不少管理权力放手让给点检方（管理方），**减少了层次**，生产操作方、管理方（点检员）、检修方**配合密切**。传统管理的方法是**分散**的，因此**机构重叠**、**职能重复**、**办事程序烦琐**，生产操作方、管理方（职能部门人员）、检修方**相互脱节**。

通过以上评述，对 TPM 有了基本的认识，对于企业，尤其是流程型生产作业线的企业，为了适应生产力的发展，就必须在管理上进行改革。对此，就要积极推行现代化设备维修管理方式，应推行以预防维修为基础、以点检为核心的全员生产维修制，即 TPM，因为它是现代化设备维修管理的重要组成部分，也是当代设备维修管理的发展总趋势。

1.3 推行 TPM 后如何开展设备维修活动

各种维修活动的相互关系如图 1－6 所示。

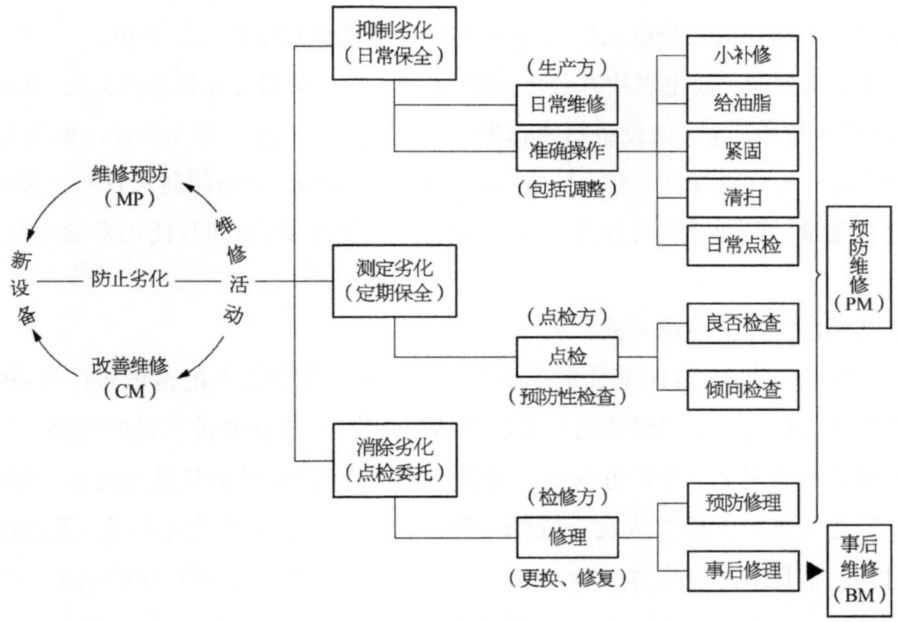

图 1－6　各种维修活动相互关系图

首先，需说明的一点是，在整个维修活动中，对于维修人员和生产操作人员来说，最重要的工作是防止设备的劣化，而不是修复其劣化。

维修活动围绕以下两个方面开展：

(1) 以维持设备性能为目的，把故障降低至最低限度。

(2) 根据维修活动中发现的问题，对设备进行改善，以提高维修效果。

从维修活动的内容来看，与前面所述的维修方式的要求是相对应的，即图 1－6 中体现的生产维修的四种不同维修手段(BM、PM、CM、MP)在整个维修活动中全展现出来。

各种维修活动按功能可分为三类：

(1) 抑制设备性能的劣化。

(2) 测定设备性能的劣化程度。

(3) 消除设备的劣化。

这三类功能中，首先要做好第 1 类——通过日常保全来**延缓**与**推迟**设备性能的劣化。但设备总是要趋于劣化的，故到一定时期后要进行一次**测定**，这就是第 2 类的功能，即通过定期保全来掌握设备的劣化程度、与劣化极限的差距，其主要手段是测定，如设备劣化倾向管理、精密点检、设备诊断技术等。当经测定后判定设备已达需修复的程度或已损坏时再进行**修复**或**更换**，这就是第 3 类的功能，即通过修理来消除设备的劣化。

通常直接参与维修活动的主要有生产方、点检方和检修人员，这三方的维修业务分工如下：

(1) 第 1 类功能主要由生产方承担，这充分证实生产操作人员参加设备维修活动的重要性。其中生产操作人员难以承担的部分，可由跟班的值班维修人员承担。

(2) 第 2 类功能主要由点检方承担，有些无力承担的项目可委托检修人员（如减速箱解体检查）或专业技术人员（如设备精密诊断项目）承担。点检分良否检查与倾向检查两大类：**良否**检查——只检查设备有无异常，以判断设备的维修时间；**倾向**检查——对设备劣化的程度进行测量、管理，并进行分析，以控制设备的劣化程度，预知其使用寿命，最经济地进行维修。

第 3 类功能主要由检修人员承担。

上述维修活动中，日常保全是最基本的活动。由于维修设备的范围很广泛，因此只有要求生产操作人员每日参与设备的日常点检和日常维护，才能取得明显的效果。过去的计划预修制最大的弊端是把生产方与维修方隔离开，生产方对设备只管用而不管维护，一旦设备出了问题就直接让检修人员来维修。倘若这种旧的传统观念不转变，无论维修部门（包括点检方、常日班的检修方、值班维修人员）再怎么努力也不会有好的结果。生产方与维修方就好比一辆车的两个轮子，只有两者步调一致，才能完成维修任务，达到正常生产的目的。

这里有三点需加以说明：

(1) 生产方的日常保全起到了预防作用，准确操作使用设备（包括调整）和承担日常维修（包括小补修、清扫、润滑、紧固及日常点检），均属于预防维修范畴内。设备的日常保全是**管**、**用**、**养**、**修**等各项工作的**综合性工程**，也是生产方的主要责任之一，是**保持设备经常处于完好状态**的**重要手段**。日常保全的主要功能是推迟、延缓设备性能的劣化，是一项**基础性**的预防工作。设备的日常保全也是设备运行的客观要求，设备在长时间的运行过程中，不可避免地要发生耗损，如松弛、干摩擦、腐蚀等，这些缺陷若不及时处理，会造成设备过早磨耗损坏，甚至发生严重事故。清扫工作也是预防维修的重要内容之一，其意义远不止于“清扫”这么简单，它既是设备维护保养的一种手段，也是为点检员现场工作创造条件的一种手段，在清扫过程中能够发现设备劣化，把劣化问题暴露出来，如因含水灰尘导致的受潮后绝缘性下降，灰尘进入设备内，最终会引起故障等，故从某种意义上讲，清扫也是点检。润滑、紧固等日常点检也是日常预防性维修活动的基本内容，这些预防维修活动都是十分重要的，做好这些可以有效避免日后设备的各种隐患。

搞好设备的日常保全工作，及时处理随时可能发生的各种设备问题，改善设备的运行条件，就能防患于未然，避免不应有的损失。实践证明，设备的寿命在很大程度上取决于日常保全的程度。因此，对设备的日常保全工作必须强制进行，强调**“预防为主、养为基础”**，并严格监督执行(由专职点检员负责监督)。

(2) 生产部门在现场维修活动大体可以归纳为以下两个方面：

① 预防劣化活动。除了上述的日常保全活动外，还须参与设备的自主改善活动及故障分析。

② 设备劣化修复。小修理(简单部、组件的修复及应急处理)；发生设备故障及异常情况时，能迅速正确联络；协助设备检修工作。

(3) 点检员系属**管理方**(日本新日铁把点检制亦称为管理方制度)，其主要职责是管理而不是检修。虽然点检员不直接参与检修，但并不等于不动手干活，而是**“随手处理”**，即点检员在现场点检、检查过程中发现一些力所能及的小问题时，通常是处理好后再告知相关责任人，以提醒今后应引起注视。

1.4 设备维修业务分工原则及责任分工法

有关生产方与维修方的维修业务的分工原则如图 1-7 所示，责任分工见表 1-2。

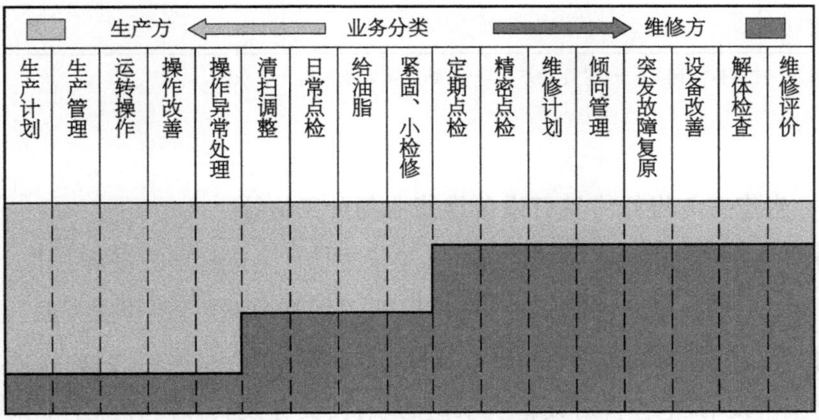

图 1-7 维修业务的分工原则

表 1－2　维修业务责任分工

维修手段		维修内容	分工			
			生产方	维修方		
				点检员	检修人员	值班维修人员
预防维修	日常保全	准确操作	○			
		调整	○			
		清扫	⊙	○		○
		给油脂	⊙	○	○	○
		紧固	⊙	○	○	○
		小补修	○	○		⊙
		日常点检	⊙			○
	定期保全	定期点检：				
		短周期点检		○		
		长周期点检		○		
		精密点检：		○		
		倾向检查、管理：		○		
	计划维修					
		定修	○		⊙	○
		年修	○		⊙	○
		日修			○	
事后维修		非计划检修：				
		急修			⊙	○
		抢修			○	⊙
改善维修			○	⊙	○	○

注：表中分工一栏内，标记⊙——主负责方，○——副负责方或只有一方负责。

1.4.1　生产方与维修方签订设备维修业务分工协议

生产方与维修方签订设备维修业务分工协议是推行全员管理的重要手段。

推行 TPM 后明确要求在分工协作的前提下，生产操作、设备维修两方面人员结合在一起，共同分担生产设备的日常维护和日常点检工作。双方可就详细项目内容需签订设备与维修业务分工协议书，把各自对设备所承担的职责、义务及具体内容固定下来，分工协作、协调一体，并按协议书上的分工原则制定具体业务的分工节点表，作为各方执行的依据，这是 TPM 精髓所在。

设备维修业务分工协议书的实例如下。

某厂精轧区域生产操作方和

设备维修方关于点检维护的分工协议

为了推进全员设备维修管理，生产方和维修方共同管好设备，以确保生产设备长期安全稳定运行，该厂精轧区机械设备就点检维护分工达成以下协议：

(一) 设备点检

1. 设备除由专职点检员和值班维修人员进行专业点检，生产操作人员必须进行日常操作点检工作。

2. 生产操作人员必须对可操作的及所属区域设备在交接班及换辊期间进行点检并填写点检表，如遇到异常情况不能处理应立即向值班维修人员通报，并向当班调度或值班作业长汇报。

3. 生产操作人员必须在点检表上签字，并对所点检的结果准确性负责，点检后点检表应保存完整，以予被查。

4. 专职点检员应指导、监督、检查、考核生产操作人员的日常点检，并每日对操作点检表进行查询。

5. 生产操作人员的点检表由专职点检员依据日常点检标准进行制定。

(二) 设备维护

1. 润滑

1.1 生产操作方原则上应承担部分设备的补、加油工作，如日、周、月的手涂、加油枪补脂等，由维修方负责油脂检化验及更换油脂等。

1.1.1 生产方承担工作内容：

1.1.1.1 轧辊轴承座滑板的油脂由生产准备人员负责，轧机操作人员监督考核，共计112 个点。每次上线前涂抹。

1.1.1.2 换辊夹具销轴的润滑共计 8 点，要求一个月加注一次。

1.1.1.3 换辊平台车和边导轮的润滑共计 128 点，每月补油一次。

1.1.1.4 精轧地平车车轮润滑共计 4 个点，由生产准备人员负责，每月加油一次。

1.1.2 维修方承担工作内容：

生产未承担的润滑全部由维修方负责。

1.2 考虑到生产操作方在实施中的具体困难，凡属下列情况者可由维修方负责。

1.2.1 个别 2.2 米以上高空危险加油点(指立足平台以上高度)。

1.2.2　稀油润滑设备。

1.2.3　远离操作台或转动等危险区域。

1.2.4　以上个别补、加油点的分管由专职点检方与生产操作方到现场酌情划分，并列入润滑标准表内。

1.3　专职点检员应按润滑标准制定生产操作方用的润滑作业表，由生产操作方按照表内周期进行补、加油，专职点检员应查询补、加油记录，督促生产操作方补、加油工作的进行。生产操作人员补、加油时应配备螺丝刀、扳手、油枪等必要的加油工具。

2. 紧固

2.1　生产操作方承担精轧区域水咀的更换、检查、紧固。

2.2　承担所用换辊夹具的检查、紧固。

3. 设备清扫清渣

精轧区域走梯、栏杆（不含高空作业的走梯、栏杆）、大型仪表平台、仪表室外表面、操作室、换辊夹具以及操作盘面等清洁工作，由生产操作方承担；设备内部、阀台等清洁工作由值班维修人员承担。设备、设施上的氧化铁皮由生产操作方负责清理。

1.4.2　生产方与维修方在设备维修业务分工上强调搭接管理

在现代化大生产的环境中，有些岗位工作之间的责任往往很难划分清楚。为了避免在这种情况下产生工作漏洞，在解决问题的思路上就从过去只强调分清责任的做法改为专业搭接的原则，如图 1－8 所示。

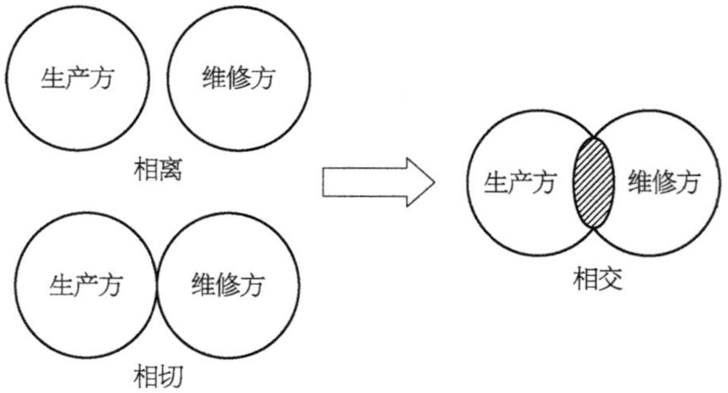

图 1－8　交叉搭接图

专业搭接是解决分工问题的一项原则。在设定时，对各项专业管理业务的接合及边界处，要有意识地安排一些必要的重叠与交叉，以保证必要的协作与衔接。

现以一台轧机为例，加以说明具体维修业务的分工方法。

1）日常维护

（1）清扫：如轧机有液压、润滑系统、电气传动系统，还有本体等。其中，液压系统阀台清扫以及电机的清扫由维修方（值班维修人员）来承担；本体及设备周围环境、地沟、隧道、扶手等由生产方承担。

（2）补加油：离线设备如轧辊间设备——牵引台车、轧辊翻转装置等全部由生产方承担；需在特定条件下实施的，如轧辊衬板涂油等，也应由生产方承担；所有手动泵作业（如行车上用手动泵驱动的集中给油脂），包括泵内补加油等由生产方承担；凡用油枪注入的全由生产方承担。

由点检方负责按计划供油给生产方，按规定设存放点定期派员检查，察看存油情况。虽然点检方不补加油（除特殊昂贵的油品），但需要负责管理。凡主作业线不停机不能实施的给油脂点，应安排在定修时实施（点检作业区内可专设润滑专业人员，负责编制给油脂管理表），在定修前要确立好加油条件，由专职点检员委托检修部门实施。

（3）紧固：在宝钢是以生产方为主，值班维修人员为辅，但从目前国内不少企业的实施情况看来，有一定难度，只有动力设备系统（如供电、供气、供水等系统）运行工因兼任值班维修人员，故在巡检时可以做到，其他各部门设备均以值班维修人员为主。

（4）小补修：通常情况下，小补修是以值班维修人员为主，生产操作人员为辅。对于一般用不上备件场合的小补修，若生产操作人员有条件承担的，则由生产操作人员承担。对于轧机来讲，因为轧粗轧板坯时精轧机处于停机状态，所以精轧生产操作人员有条件承担小补修，但粗轧机生产操作人员就没有条件承担，故在实际分工时，粗轧设备机组的小补修往往不安排给生产方，而全部由值班维修人员承担。

2）点检分工

（1）日常点检：其目的在于保持设备的正常运转，其点检内容以润滑、清洁、异响、松弛、泄漏、安全为主。

日常点检由生产操作人员或值班维修人员承担，以生产操作人员为主，值班维修人员为辅（后者主要以抢修为主），周期为 1 班、1 天、1 周以内的点检项目。

生产操作人员发现设备问题不能判断、处理时，应填写预防维修申请表（简称 PM 表）或填入交接班记录单上，供点检员查看。

只要生产操作人员能够负责的日常点检项目，原则上不安排给值班维修人员。若生产操作人员对有些项目确实难以承担，如远离操作岗或维修技能、手段上达不到的，则可让值班维修人员负责。而值班维修人员的主要任务是临时处理设备异常与负责抢修，无抢修任务时可进行备件（含套件）修复、组装等工作，但不宜安排计划性比较强的项目，因为一旦现场发生突发事故，值班维修人员就会立刻停止手上的工作转而处理紧急问题，这样势必会影响工期。

在此须强调一点的是：日常点检除生产操作人员负责一部分外，剩下均由值班维修人员负责，专职点检员不应负责。虽是检查同一个点、同一内容，但专职点检员的点检周期与生产操作人员或值班维修人员的不一样。专职点检员不需要每日检查，而是按照规定周期进行检查。

(2) 定期点检：其目的在于保持设备规定的功能和精度，故其点检内容主要侧重于功能与精度的检查。

① 短周期点检(重点、重合点检)。由专职点检员负责，点检员每日上午按规定的点检路线、计划中所列的应点检的设备部位、项目和内容进行点检，周期一般为 1 周及以上。

② 长周期点检。是工程性质的项目(含常例工程)，由专职点检员组织实施，委托检修方负责，周期一般为 3 个月～3 年(个别也有 4 年、5 年、6 年)。

定期点检中应包括设备劣化倾向管理项目(劣化测定、劣化修复)，以达预知维修之目的，这是点检员的一项重要工作。

(3) 精密点检：由专职点检员组织实施，委托设备诊断部门的专业技术人员负责，点检周期根据有关规定和要求而定，分为计划和非计划两类。精密点检多半用于精密机械如液压、气动装置或电气设备等。点检内容包括振动诊断、磨损诊断、油液清洁度和理化性能分析、红外线热成像、应力应变分析、液压系统分析、无损检测、电气试验等。

专职点检员较少进行随手处理。当有故障需要抢修且日常班点检员在场时，联络制度为：生产操作人员通知值班维修人员，值班维修人员现场确认后通知专职点检员，专职点检员、值班维修人员填写故障记录。其中值班维修人员记录故障状况、处理结果、处理所用时间，但不追究故障原因；专职点检员在上述基础上进一步深化，写出这起故障发生原因、处理经过、效果和今后如何避免再次发生类似故障的措施对策。

1.5 以数学公式化表述全员维修管理中各自地位

笔者根据自己多年从业经验，总结出以下公式化表达：

$$[(\mathbf{A}+\mathbf{B})\cdot\mathbf{C}]^{\mathrm{D}} \tag{1-3}$$

式中 A——生产方；

B——维修方，含点检员、检修工、值班维修人员；

C——技术方；

D——管理方。

假设：A＝B＝C＝D＝2(预设：各方等值，但必须＞1.5)，代入式(1-3)后，可得

$$A+B=4$$

$$(A+B)\cdot C=8$$

$$[(A+B)\cdot C]^{D}=64$$

其中，D的地位最高(64－8＝56)，C其次(8－4＝4)。

由上述可知：D是(A＋B)·C的7倍，充分说明管理层(含企业各级领导)的重要地位，也印证了**"三分技术，七分管理"**这句话。

1.6 5S

5S起源于日本，是指在生产现场对人员、机器、材料等生产要素进行的有效管理。这是日本企业独特的一种管理方法。

5S不是TPM的基础，而是先导。目前国内多数企业推行TPM之前都首先开展了5S活动，但千万不要误以为TPM活动就只是5S活动。

1.6.1 解读5S

1) 5S的含义

所谓5S是指对企业生产现场各生产要素所处状态不断进行整理、整顿、清扫、清洁和提高人员素养的活动。

由于整理(Seiri)、整顿(Seiton)、清扫(Seiso)、清洁(Seiketsu)、素养(Shitsuke)这5个词在日语的罗马字中第一个字母都是"S"，故简称为5S。

2) 5S的内容

整理——将工作场所的物品区分为"要"与"不要"，只保留有用的物品，其他的都从现场消除，这是改善生产现场环境的第一步；

整顿——把要用的物品按规定位置摆放整齐，并加以标识；

清扫——清除工作场所内的脏污、垃圾，防止污染，保持工作环境的整洁、干净；

清洁——将以上3S的实施制度化、规范化，始终维持工作场所清洁，无杂物、脏污；

素养——每一个企业员工在举止、作风、礼仪、信用诸方面都要养成良好的工作习惯，依规定行事，自觉遵守企业各项标准或制度，达到"以厂为家、以厂为荣"的境界，它是5S活动的核心。

3）5S 的顺序

5S 包含整理、整顿、清扫、清洁、素养，如图 1－9 所示。

素养是 5S 的核心，如图 1－10 所示。

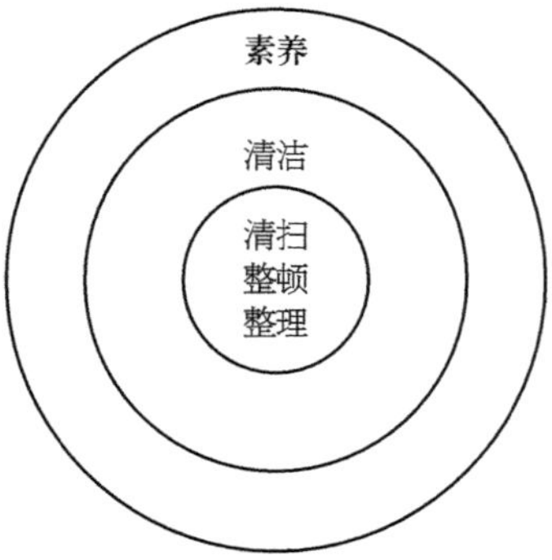

图 1－9　5S 顺序图

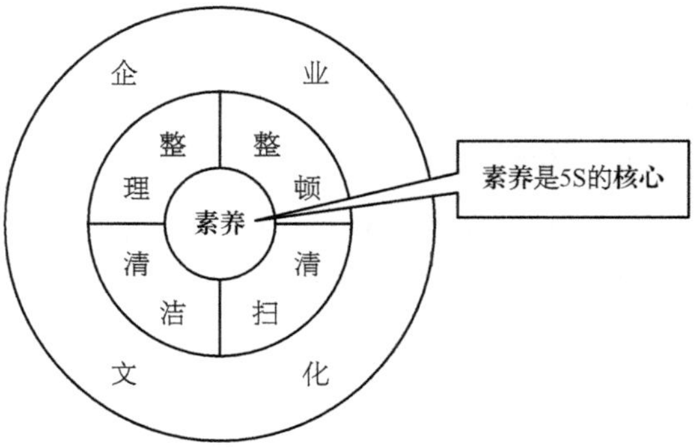

图 1－10　5S 的核心图

从图 1－9、图 1－10 中不难看出 5S 中各部分之间的关系可总结为以下顺口溜：只有整理无整顿，物品难以找得到；只有整顿无整理，没法取舍易误导；整理、整顿无清扫，物品使用无保障；3S 效果怎维持，清洁便来献一招；4S 活动靠素养，企业文化水平高。

5 个“S”，应以素养为核心，前 4 个“S”均靠素养而形成，并要将 5S 渗透于企业文化建设之中。

4）5S 循环推进

围绕素养这一核心，其他 4 个“S”持续循环推进，如图 1－11 所示。

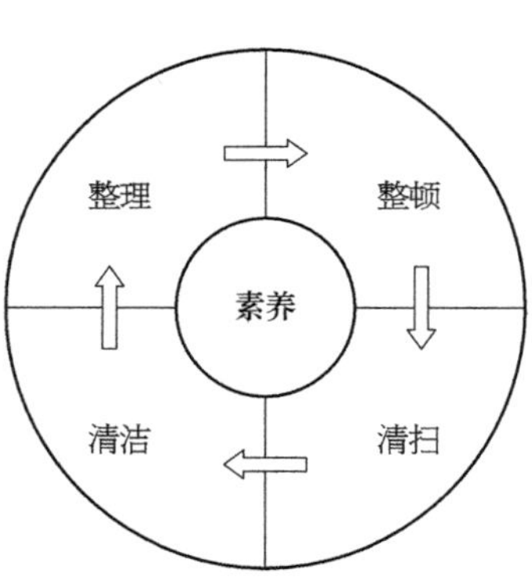

图 1－11　5S 循环推进图

5S 管理**重心**：作业、办公环境的整治。

5S 管理**目标**：清洁工厂。

1.6.2　5S 管理的目的

5S 管理的目的不仅在于企业现场干净，而且希望通过这一管理活动来提升企业形象，改变员工的工作意识，这一点表现在生产上，就是对设备的爱惜，对产品加工的责任心。5S 有助于创建人和设备都非常适宜的环境，培育良好的工作氛围，提升团队的凝聚力，形成自主改善的机制。

5S 是 TPM 的先导，企业现场管理水平要提高，应先从 5S 管理着手。

第 2 章

点检定修制

点检定修制是一套比较完善的制度化现代化设备维修管理方式，它的实质就是以预防维修为基础、以点检为核心的全员生产维修制。由于从日本新日铁引进的 TPM 的核心内容是点检和定修，因此我们称其为点检定修制。

点检定修制的主要内容有以下三部分：

1) 推行全员维修制

凡参加生产过程的一切人员都要关心和参加设备维修管理工作。生产操作人员负有用好、维护好设备的重任，要承担设备的清扫、紧固、调整、给油脂、小修理和日常点检业务，承担的具体项目和内容由生产操作人员与维修人员协商确定，两个部门要签订设备维修分工协议。

2) 对设备进行预防性管理

通过点检员对设备进行点检来准确掌握设备技术状况，实行有效的计划维修[日、定(年)修]，维持和改善设备工作性能，预防发生故障、事故，延长机件使用寿命，减少停机时间和损失，提高设备有效作业率，确保正常生产，降低维修成本。

3) 以提高生产效益为目标，搞好计划性检修

(1) 合理精确地制定定(年)修计划，统一设定定修模型(即定修周期、日期、时间、工序组合和负荷人数)，并由生产计划部门确认，做到在适当的时间里进行恰当的维修，不因设备检修而打乱生产计划，力求减少或避免因检修准备不周到而造成的生产损失和能源损失。

(2) 为提高检修人员的有效作业率，以有限的人力完成设备所必需的全部检修工作，对检修工程的实施分工、工程施工计划的编制、工程项目的委托、施工前后的安全确认、施工配合等一系列工作实行标准化程序管理。

因此，推行点检定修制是确保设备能实现正常运转的有效措施。

2.1 点检定修制的由来

宝钢一期工程全套引进国外先进设备，其主要生产工艺线是流程型作业线，设备具有大型化、精密化、运行高速化、生产连续化、操作自动化等特点。为了管好、用好这套设备，首先就要确定一个与它相适应的设备维修管理方式，经多次实地考察、反复论证后，宝钢最终选定了引进日本的 TPM 全员生产维修管理方式。

现阶段国际上的设备维修管理方式基本上有苏联的计划预修制、瑞典的以状态为基准的预防性维修体制、日本的 TPM、英国的设备综合工程学、美国的后勤工程学。

其中，苏联的计划预修制是属于科学管理理论，而其他四种设备维修管理方式则属于

现代化管理理论。

TPM是20世纪70年代初日本在引进美国生产维修管理方式的基础上，结合本国特点形成的一套以人为中心、全员参加、系统追求设备综合效率为目标的全员生产维修管理方式。TPM综合了三方面的经验和做法：引进了美国生产维修体制作为主体；吸收了英国的设备综合工程学的理论和特点；学习了中国“鞍钢宪法”中“**两参一改三结合**”的经验。其中第三条是至关重要的，日本就是在中国“鞍钢宪法”中的“**工人参加管理**”的影响下，做到了把设备维修管理的具体业务延伸到由点检人员来担当，而非由管理人员担当，即**管理重心下移**，这是一个更切合实际的做法。同时，日本又强调了操作者自主维修，并提出了维修管理的新体制——全员参加的生产维修管理方式，即从原生产维修发展到全员生产维修。

日本的TPM全员生产维修管理方式之所以要比大部分欧洲国家及美国完善，因为日本是让掌握现场设备技术状况的检查人员自己来编制维修计划，这是日本与其他国家最明显的区别。

鉴于当时TPM适合我国国情，于是宝钢最终选定了日本的TPM。当时TPM是日本的专利，其基本理念是“三全”，其核心内容是点检和定修，为妥善起见，故在宝钢内就把TPM定名为“点检定修制”，这就是点检定修制的由来。

TPM与美国后勤工程学、英国设备综合工程学的关系如图2-1所示。

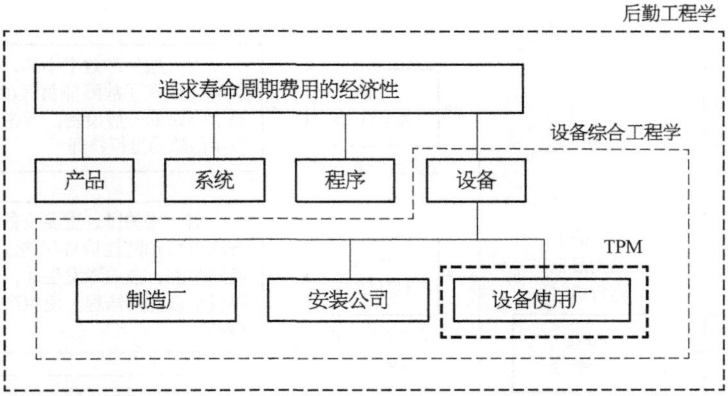

图2-1　TPM与其他相关设备维修管理方式的关系

美国的后勤工程学的研究领域比英国设备综合工程学、日本TPM全员生产维修更加广泛。后勤工程学主要是从系统或设备的设计制造出发，考虑到设计制造及其后后勤支援，它是从设备设计制造单位的角度来研究如何保证用户的设备寿命周期费用经济性，它的具体措施是向用户提供适当的技术文件(如使用手册等)，并进行充分的维护保养、随时提供备件，以及对操作人员和维修人员进行技能培训等；英国的设备综合工程学虽然仅针对设备本身，但其管理涉及从设计制造到设备使用维修的全过程，即它涉及设备的一生，包括设备的规划、研发、设计、制造、安装、调试、使用、维修、更新改造和报废；TPM 全员生产维修则提倡在企业的设备现场主动积极地开展以防为主的针对性维修，从而提高生产效率。

后勤工程学与设备综合工程学侧重于管理理论的研究，注重整体的设备管理效益，TPM 全员生产维修主要是一种管理制度与方法，侧重于以企业生产维修为主体的微观管理。这三者的目标是一致的，都是追求使系统或设备的寿命周期费用最经济。

通常，对于一个企业来讲，设备维修管理的重心应落在如何管好、用好运转中的生产设备，故 TPM 在企业中的运作主要是围绕生产设备运行维护阶段开展的，即侧重于设备后半生的管理。至于设备的前半生，虽然也要关注，但对于使用单位来讲，通常情况下主要是将设备使用、维修方面的信息反馈给设备研制单位，以使其不断改进、提升企业的装备水平。

2.2 生产维修的含义与生产维修的四种不同维修手段

生产维修是一种以**发展生产、提高效益**为追求目标的**最佳**维修方式，其基本的出发点是维修的**经济性**，是一种与生产结合得十分紧密的维修方式。其含义是根据设备在生产中的**地位、作用和价值大小**，而采取不同的维修手段，以使设备能够得到**针对性**维修。如图 2-2、图 2-3 所示。

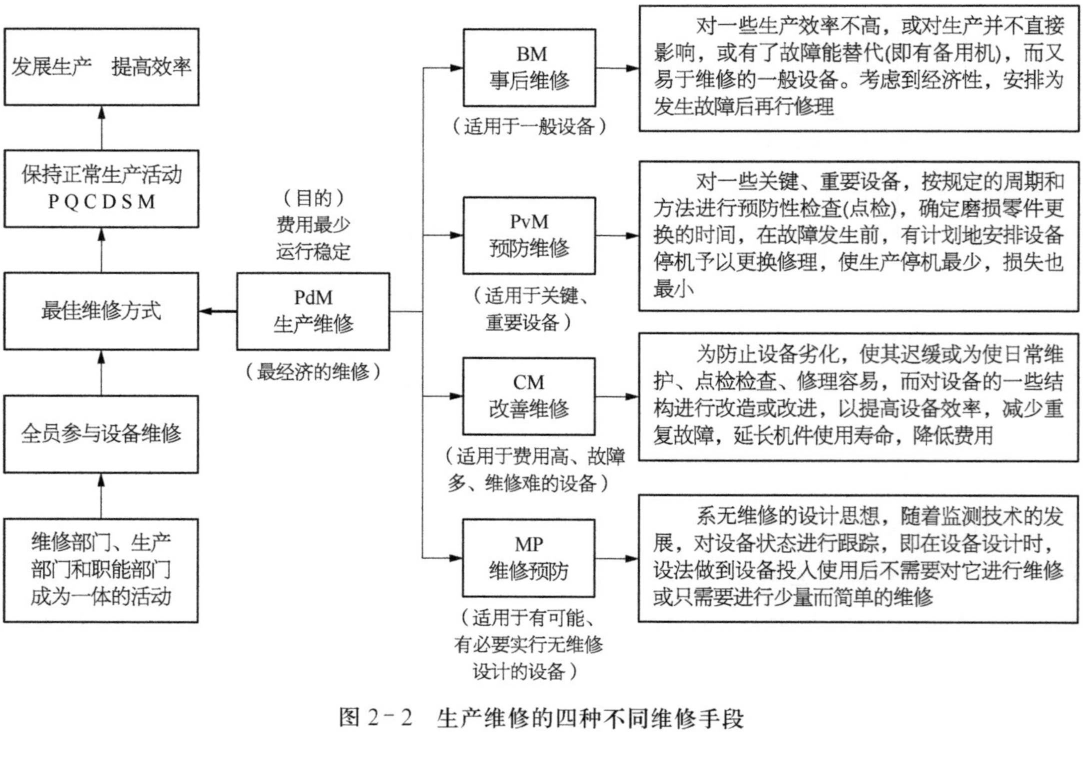

图 2-2 生产维修的四种不同维修手段

生产维修的特点是对不同的设备采用不同的维修对策，与单一的维修方式相比效果更佳，其条件是必须全员参加管理。

将设备按其重要程度分为主要、次要两大类，其中主要设备分为关键（A类）和重要（B类），次要设备为一般（C类）。

P: 产量高&稳——生产管理
Q: 质量好&精——质量管理
C: 成本低&廉——成本管理
D: 交货期准确——合同管理
S: 劳动安全可靠——安全环境防灾管理
M: 劳动热情更高——劳务管理
} 提高生产性

图 2-3　TPM与企业相关管理技术关系

下面对生产维修的四种不同维修手段作进一步说明。

（1）事后维修（BM）。主要针对**C类设备**（一般设备），在考虑其**经济性**的同时**不会影响主产品生产**。

（2）预防维修（PvM）。主要针对**A、B类设备**（主要设备），**会影响主产品生产**。

（3）改善维修（CM）。主要针对需要**改善**、**改造**的设备和经常出**故障**的设备，这些设备具体包括：**维修困难的设备**、**重复故障多或易损坏的设备**、**影响全局的重要设备部位**、**未达到设计水平和性能的设备**、**影响安全及环保的设备等**。

（4）维修预防（MP）。该种手段是指在新设备的**设计**、**制造阶段**就着手考虑**如何做到从设备投产直至报废不再需要进行任何维修或只需要进行少量简单的维修**，即实行理想的**无维修设计**。

这四种维修手段中最基础的是预防维修（指状态维修而非计划预修），它是生产维修方式的主导部分，其宗旨是有计划地把可能发生的故障和设备的低性能表现消灭在萌芽状态。预防维修主要包括两个内容：一是为了事前发现和找出隐患而对设备实施周期性的点检、检查；二是将已找出的缺陷、隐患及时排除或予以修理，使之复原。因此，预防维修是对设备进行早期治疗，即预防。

当今，国际上普遍认为生产维修仍是最佳维修方式。对于主要的设备，采用生产维修中的预防维修；对于次要的设备，采用生产维修中的事后维修；对于需要改善的设备，采用生产维修中的改善维修或维修预防。

生产维修对不同的设备采用不同的维修对策，这样做的目的一方面是为了能够确保不因设备故障而影响生产活动的正常进行，另一方面也是为了避免过多不必要的维修而增加维修费用。可见，这样的维修方式是以生产为目标的，所以把这种维修方式称为生产维修。由于生产维修能因设备而异、对症下药，因此将生产维修称为最佳维修方式。但此处需要强调的是，为了使生产维修能够达到最佳效果，必须使全员参与维修管理，其中操作者的自主维修尤其要重视。

在生产维修的四种不同维修手段中，推行难度及投入资源最大的是维修预防（MP），其主要对策如下：

(1) 设计制造人员要使自动化设备不断接近“无维修设计”。

(2) 开发和应用计算机网络化的设备状态监测技术，进行设备状态监测诊断，以达到少维修的目的。

(3) 采用先进的设备诊断仪器对连续运行的单条或多条机组的设备状态进行自动监测和控制(即状态跟踪)，并推进远程诊断的应用。

(4) 设备设计结构上尽量采用参数自动调整、磨损自动调整和预防措施自动化原理，如润滑油供应不足，可自动调节阀门增大供油量。

(5) 搜集维修预防信息资料，如设备故障、零部件设计结构问题及改进结果，向设计制造部门反馈，在进行新一代的设计时做到少维修或无维修。

当今世界先进工业企业均采用在线实时监测诊断为主的设备状态管理法。

2.3 预防维修的表现形式

为何对 A、B 类设备要选择预防维修而非其他维修手段?

为提高设备维修效率，需要十分重视设备维修的规律。通过对三种不同维修阶段(未维修、事后维修、预防维修)进行记录统计与分析，绘制出设备的故障率曲线，如图 2-4 所示。

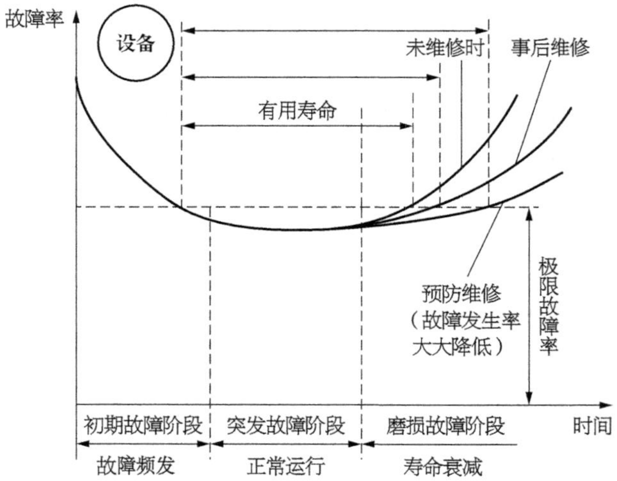

图 2-4 浴盆曲线

由于图 2-4 的曲线呈浴盆形状，故称为浴盆曲线(Bathtub Curve)。从图中不难看出预防维修的重要性，它使设备有用寿命明显延长。

设备的后半生大致可分为三个阶段：

(1) 初期故障阶段。这个阶段发生的故障大多数是由于设备设计、制造、安装与调试中所产生的缺陷而引起的。这一阶段应注意调整和改善维修。

(2) 突发故障阶段。这个阶段发生的故障大多数是由于操作人员违规作业引起的，也有部分是设备本身的缺陷所造成的。这一阶段应注意提高操作人员与维修人员的责任心和技能水平。

(3) 磨损故障阶段。这个阶段发生的故障主要是由于设备磨损引起的，所以应加强对设备的日常维护保养、预防性检查、计划维修和改善维修。

从图 2-4 中不难看出，同样的设备采用不同的维修手段，所形成的浴盆曲线也不一样，尤其在磨损故障阶段，曲线有了明显变化，采用预防维修，设备故障率明显降低。由此可见选择预防维修意义深远。预防维修与事后维修对设备性能的影响如图 2-5 所示。

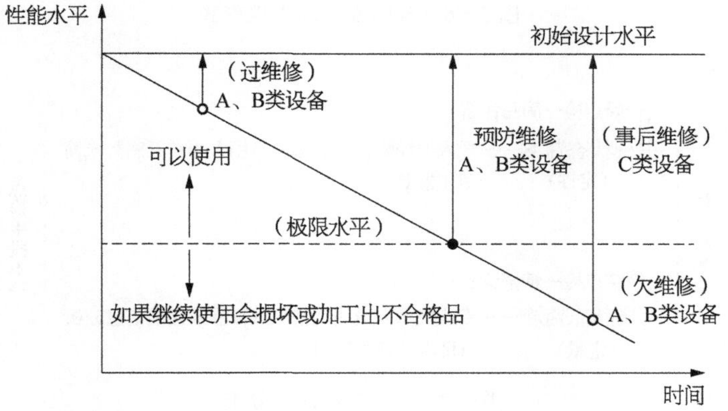

图 2-5　预防、事后维修分界面示意图

图 2-5 中：

(1) 极限维修等同于预防维修，故障维修等同于事后维修。

(2) 理论上讲，极限水平线以上的，经修复恢复至初始设计水平，均为过维修。但实际考核要求上，凡定性判断，只要≥75%有用寿命期，即认同为预防维修，<75%方可认同为过维修；凡定量判断，即开展预知维修(应用设备精密诊断技术、劣化倾向管理、在线状态监测)，要求达≥90%才可认为是预防维修。点检管理水平的高低，从图中便可看出。

(3) 低于极限水平，意味着加工出不合格品，设备即被视作有故障，而并非仅仅损坏才算是故障。

实行预防维修的基本做法有以下两方面：

(1) 设专职点检员，对设备按照规定的检查周期和方法进行预防性检查(即点检)，其目的是为了取得设备状态情报。

(2) 根据专职点检员的设备状态情报，制定有效的维修对策，对设备有计划地进行调整、维修，以使设备事故和故障消除在发生之前，做到主要零部件磨损程度快要达到极限之前及时予以修复或更换，使设备始终处于正常运行状态。这里最关键的是点检，它是预防维修活动中的核心。

通过图 2－6、图 2－7 可知预知状态维修是预防维修的延伸。

预防维修
- 定期维修——计划预修（大、中、小修）
  （以“**修**”为主）（属科学管理理论）
- （日、定、年修—项修）
  状态维修——状态**监测**维修
  （以“**防**”为主）（属现代化管理理论）
  - **主观**
  - **客观**

  状态监测维修

图 2－6　预防维修的表现形式

状态监测
- （一般点检—简易诊断）
  主观状态监测——凭人的**经验**，由点检人员用人的“**五感**”或简**单工器具**
  （**定性**）
- （精密点检—精密诊断）
  客观状态监测——专业技术人员用**精密测试仪器或在线信息分析**
  （**定量**）　（即在线状态监测）

点检手段不一

图 2－7　状态监测的分类

经客观状态监测所测得的数据，可以定量确定设备的技术状况并预知其修理和调整的必要性。因此，客观状态监测维修等同于预知状态维修（即预知维修）。预知状态维修是预防维修的延伸，本质与预防维修类似，其尚未发生质的变化。

在此先对项修和预知状态维修做一个解读。

项修是项目维修的简称，它是根据设备的实际情况，**对状态劣化到已难以达到生产工艺要求的部件或组件**进行**针对性**维修。

项修时，一般要进行部分拆卸、检查、更换或修复失效的零件，必要时对基准件进行局部维修和调整精度。

所谓预知状态维修是以**设备状态为基准**的维修。应用**设备诊断**、**状态监测技术来准确掌握设备的劣化程度和零部件的剩余寿命**，根据测得的**定量数据**，制定**最合适**的维修计划和维修方法。

2.4　状态维修与计划预修的主要区别

目前国际上有两大预防维修体制共存，一个是苏联的计划预修体制，另一个是日本的状态维修体制。这两大体制本质相同，都是以**摩擦学为理论基础**，但由于形式和做法上有所不同，效果上也有所差异。

计划预修制全称为统一计划预防修理制度，隶属于预防维修范畴，为早期的预防维修，是一种以设备**运行时间为基准**的预防维修方式，具有对设备进行周期性维修的特点。计划预修制的理论依据是设备组成单元的磨损规律，它是以时间为基准制定各类设备的维修周期，即磨损量是使用时间的函数，也正由于受计划准确性的影响，有可能会产生过维修或欠维修。而产生过维修或欠维修的原因，可以通过实践经验得出：实行计划预修的同类设备，由于出厂质量、使用条件、负荷率、维护优劣等情况的差异，按照统一的修理周期结构安排计划检修，会出现以下问题：一是设备的技术状况尚好，仍可继续使用，但仍按规定的维修间隔期（修理周期）进行维修，造成维修过剩（过维修）；二是设备的技术状况已到达难以满足产品要求的程度，但由于未达到规定的维修间隔期而没有安排维修计划，造成失修（欠维修）。

状态维修是以**状态为基准**的预防性维修，即**根据设备实际技术状态，进行针对性维修**。也就是说，对设备按照规定的检查周期和方法进行预防性检查，根据所取得的设备状态情报，制定有效的维修对策，对设备有计划地进行调整、维修，以使设备事故和故障消灭在发生之前，做到主要零部件磨损程度快要达到极限之前及时予以修复或更换，使设备始终处于正常运行状态。故实行状态维修后，便可防止过维修和欠维修的产生。

2.5　建立以点检为核心的设备维修管理体制

各企业在设定维修组织机构时，应遵循一个原则，即必须适应专职点检员业务的正常开展，建立一个以点检为核心的设备维修管理体制，并且应结合本企业的具体情况，对原有组织机构及维修业务进行适当的调整。首先，仍可保持在各分厂（部）或车间内设置维修管理部门，受公司设备主管部门和分厂（部）或车间双重领导。在机构调整中，最关键的问题是在分厂（部）或车间内的维修管理部门必须设置点检部门，一般称为点检站或点检作业区。点检站或点检作业区下设若干个组，实行分区段管理，每组可根据工作总量设 3～5 人。而检修部门可设在维修管理部门，也可另外划出单设或外委包干（开展社会专业化协作），在维修管理部门内应设有少量的职能人员。

推荐的局部维修组织机构如图 2－8 所示。

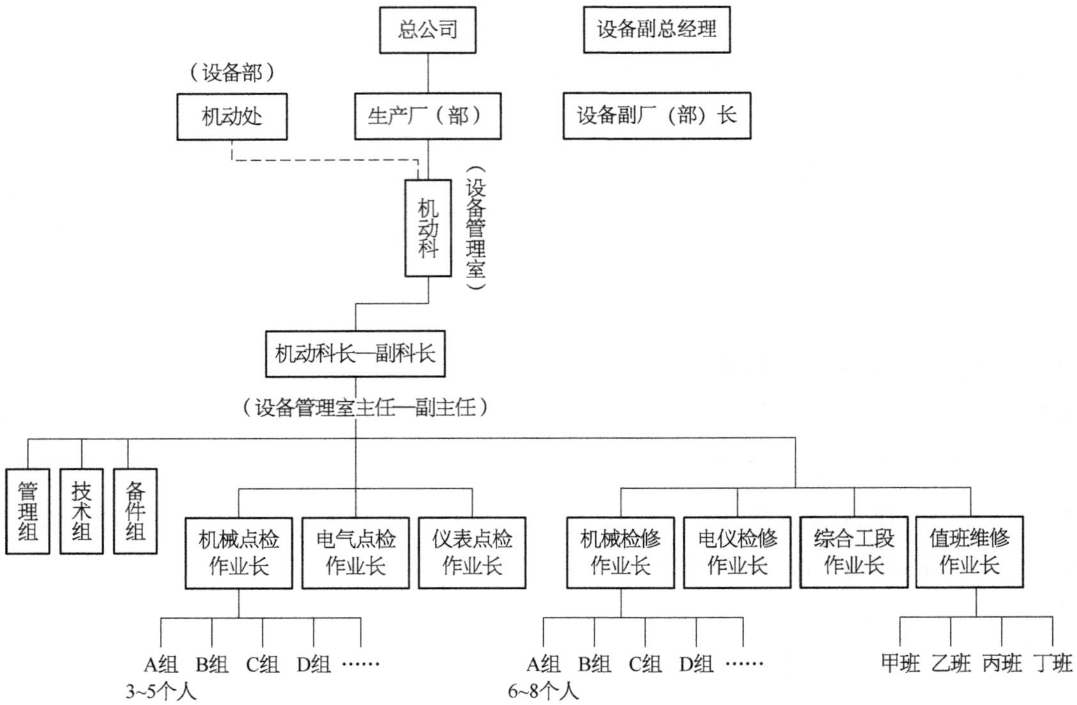

图 2-8 局部维修组织机构图

在所设置的维修组织机构中，维修管理部门（图 2-8 中的机动科）应把设备运行状态管理方面的职能转移给点检部门。维修管理部门下属各职能组主要从事设备改善、检修外协、固定资产、计量贯标、维修成本、技术改造、维修技术标准、故障事故分析、备件修复方案、组织备件供应、质量疑异的跟踪管理和设备技术档案管理等工作，各职能组与点检部门的职能不得重叠。

点检部门的主要职能为：对设备进行点检，即预防性检查；对所管辖区域范围内的设备状态进行管理。

检修部门的主要职能为：负责故障、事故设备的抢修及指定的例行点检项目和日常维护保养工作（适用于四班三运转值班维修人员）；接受点检员的委托（指令），完成各项检修任务（适用于常日班检修人员）。

这里应当强调的是，尽管维修管理部门配备了管理组、技术组、备件组这些职能组，但其定员是极少的，故管理职能的大量工作是依靠设备的直接管理部门即点检部门来完成的。因此，点检方、生产方、检修方对于设备来讲，虽然都是直接关系者，但点检方在整个维修活动中始终处于核心地位，即这种维修组织的核心是点检部门。

此外还必须强调，当设定维修组织体制时，点检部门必须设在维修管理部门内，或今后在条件成熟情况下可集中在公司设备主管部门（图 2-8 中的机动处）内，由公司主管部门直接归口管理。要从组织机构上把点检部门单独划出来，强化点检组织，切忌“操检合一”或“修检合一”。

公司设备主管部门下属的各维修管理部门是设备维修管理的职能部门，若点检部门不设在维修管理部门内，其结果便会使维修管理部门不能及时掌握设备运行状态，难以开展工作；若点检部门分散在各生产车间内，则点检查出设备上的问题，本应该是生产方的责任，但车间主任往往会让点检员自己去处理，久而久之，点检员就成了设备维护工，与值班维修人员的职能无太大区别；若点检部门设在检修车间内，一旦检修任务繁忙，会借助点检员的能力，如任其发展下去，最终会被检修部门吞并掉。故点检方与检修方必须分开，形成相互制约的工序服从体制。总之，以上组织形式均会严重干扰和削弱点检管理职能，不利于点检业务的开展，是不可取的。

各二级厂从各个专业角度出发，把全厂设备按生产工艺流程划分为若干个管理区段，每个区段按机、电、仪等不同专业组成点检组，专门负责该区段设备的点检工作和设备管理工作。点检组是该区段设备的唯一直接管理者，对管好该区段设备负有直接责任。每个点检组由若干个点检员组成。点检员的业务很多，为了保证高效率，每天的工作时间有严格规定，点检员一般会在上午按预先确定好的点检部位、路线对设备进行点检，在下午开展管理业务、整理各种维修记录、绘制倾向管理曲线、制定计划及进行其他业务联系工作，在检修时还要对工程进行管理。由此可见点检员的主要职能是管理，因此他们的地位不同于一般维修人员。就点检员的工作性质而言，在整个设备维修管理系统中，一切设备信息源主要来自于他们，维修计划、资材计划都是由他们制定并落实，劣化倾向管理、精密点检都是由他们组织实施，维修方针、目标也是主要依靠他们去实现，故与操作方、检修方相比，他们属于管理方，从这个方面来讲，他们处于核心地位。

点检与相关部门的关系如图 2 - 9 所示。

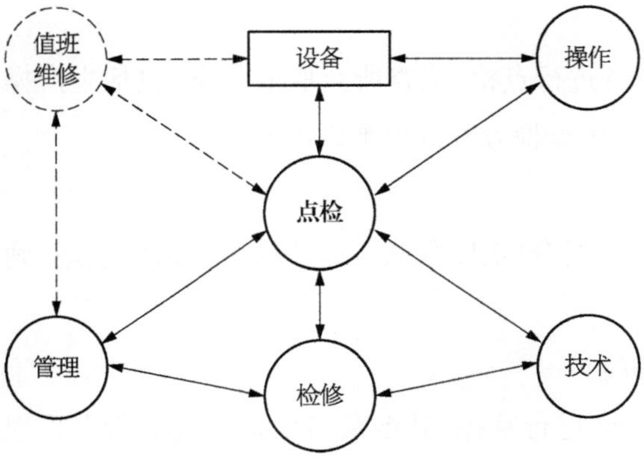

图 2-9　点检与相关部门关系图

1）生产操作方

生产操作方按照编订的作业指导书准确操作设备（包括设备调整），同时要进行日常点检和维护，包括清扫、注油、紧固、小修理等。其点检和维护的主要职责为以下六个方面：

（1）根据点检标准、给油脂标准分别制定日常点检表（日点检作业卡、周点检作业卡）和给油脂作业卡（班、月）。

（2）在当班时间内，必须按照日常点检表的要求进行逐项点检并认真做好记录。

（3）对设备进行日常的清扫、注油、紧固、调整、小修理等基础保养工作，当发现设备异常需紧急处理时，要及时处理，自己不能处理的，要及时通知值班维修人员或专职点检员进行处理。

（4）参加设备事故、故障的分析和处理。

（5）交接班时，应将当班点检情况向下一班交接清楚。

（6）夜间抢修时，对抢修项目要认真向检修方做好现场说明，负责检修跟踪与确认，并做好安全确认挂摘牌工作。

2）值班维修人员（归属检修部门）

值班维修人员的工作以抢修为主，并分担一部分日常点检（巡检→运行点检）和维护工作。其主要职责为以下四个方面：

（1）组织抢修。

（2）设备巡检。

（3）故障排除。

（4）空闲时可承接备件修复、组装等工作。

3）点检方

点检方对设备进行全面的负责管理，即其辖区内的设备该不该修、什么时候修、怎么修法、更换什么零部件，均由点检员决定。其主要职责为以下两个方面：

（1）预防性检查。

（2）管理。即对设备进行点检、检查所获取的信息，包括生产操作方、值班维修人员日常点检维护的信息，然后由点检方制订出维修计划。

4）检修方（常白班）

检修方接受点检方的指令（工序服从），提高检修有效作业率，确保维修工期（进度）、质量和施工安全。

5）管理方（管理部门）

管理方对人、物、资金进行掌控，其涉及与设备相关的所有管理部门，包括企业最高决策层、基层各级责任者、资材管理、人员配置管理、财务管理、安全、运输、后勤、供销等管理部门。其宗旨是为点检方创造必要的条件，指导他们的工作，并把好关，督促其实现点检管理目标。

6）技术方（技术部门）

技术方负责做出设备上的改进和存在问题的决策，如维修技术标准的制定、审定和指导、重大事故修复方案决策性意见、重大改善项目的设计、点检和检修业务的技术指导、重大检修工程项目的施工技术方案的制定和审定、设备技术的开发等。以宝钢为例，宝钢的设备技术部门是按三个层次分别设置的：

（1）各生产厂（部）设备管理室设有维修技术组，负责解决一般技术问题和技术管理。

（2）总公司设备部设有各专业维修技术室，负责解决比较复杂的技术问题。

（3）总公司的设备设计部门，负责重大设备改造和重大技术措施的设计。

从图 2-9 中不难看出，设备维修管理的核心是点检方，他们与方方面面都发生关系，而这些相关部门都要服务于点检方，成为点检方的支柱，以点检方为中心开展工作。在推行点检定修制时，各相关部门必须认同这一点，否则是无法推行的。

一个优秀的点检员，生产操作方在设备维修管理上要听从于他。点检组业绩考评一般每月或每季度一次。现将对点检班组季度业绩考评实绩表列出供参考。

表 2-1　点检工作班组考评实绩表（季度）

________作业区
________班　组　　　　　　　　　　　　　　检查时间　　年　　月　　日

分类	项　　目	评定等级	综合评议
标准	（1）点检标准是否齐全		
	（2）点检路线是否完善		
	（3）给油脂标准是否齐全		
	（4）倾向管理设备及项目		
账票	（5）点检计划表是否编好		
	（6）点检精度表是否使用		
	（7）给油脂计划表是否编好		
	（8）倾向管理表是否编好		
点检实施	（9）点检日志是否填好		
	（10）班组长对点检结果记录是否查认		
	（11）作业长对点检日志是否查认		
	（12）给油脂实际记录		

续 表

分类	项　　目	评定等级	综合评议
	(13) 倾向管理实际记录		
	(14) 对操作人员是否进行点检维修业务指导		
	(15) 对操作人员的点检维修是否行使监督检查权		
工程计划	(16) 根据点检反映到日、定(年)修计划		
	(17) 周期管理是否编制		
	(18) 长期定修计划表是否编制		
	(19) 召开日修会议		
	(20) 召开定修会议和反省会		
	(21) 各种挂牌及确认		
记录	(22) 修理记录		
	(23) 故障记录		
	(24) 事故报告		
	(25) 日修实绩资料搜集		
	(26) 定(年)修实绩资料搜集		
	(27) 主要设备档案		
点检素质	(28) 有否开展 OJT 培训教育活动		
分析研究	(29) 故障分析会(分析处理与预防对策)		
	(30) 设备管理研讨会(维修实绩与效果分析)		
	(31) 设备改善研讨会(改善管理、改善设备)		
业务分工	(32) 常日班点检员信息		
	(33) 业务分工协议		
	(34) 点检员业务范围		
各种运营	(35) 参加各种会议		
	(36) 机、电、仪、生产协调		
资材工器具	(37) 点检工器具的准备		
	(38) 重要设备部件一览表		
	(39) 循环预备品台账		
	(40) 机旁材料、备件存放台账		

注：评定等级划分为五个等级，即◎优、○良、△中、□可、×劣。

拓展阅读

生产操作方和设备维修方各自的使命——各司其职、各尽其责

（1）操作方：准确操作、使用设备；负责设备日常点检与维护。

（2）点检方：保持辖区内设备技术状况良好；降低维修费用。

（3）检修方：为点检服务到位；保持较高的检修有效作业率。

（4）值班维修人员：以抢修为主；负责设备日常维护与巡检。

对值班维修人员的建议：暂无需要临时处理故障与抢修任务时，可安排备件修复、组装等工作；只要岗位操作人员能干的日常点检项目，原则上不要安排给值班维修人员。

设备维修管理诚信要求：诚信维护设备；确保点检到位；台账（记录）不作假；精心、精细、精益；PDCA＋认真。

2.6 点检定修制是TPM的改良

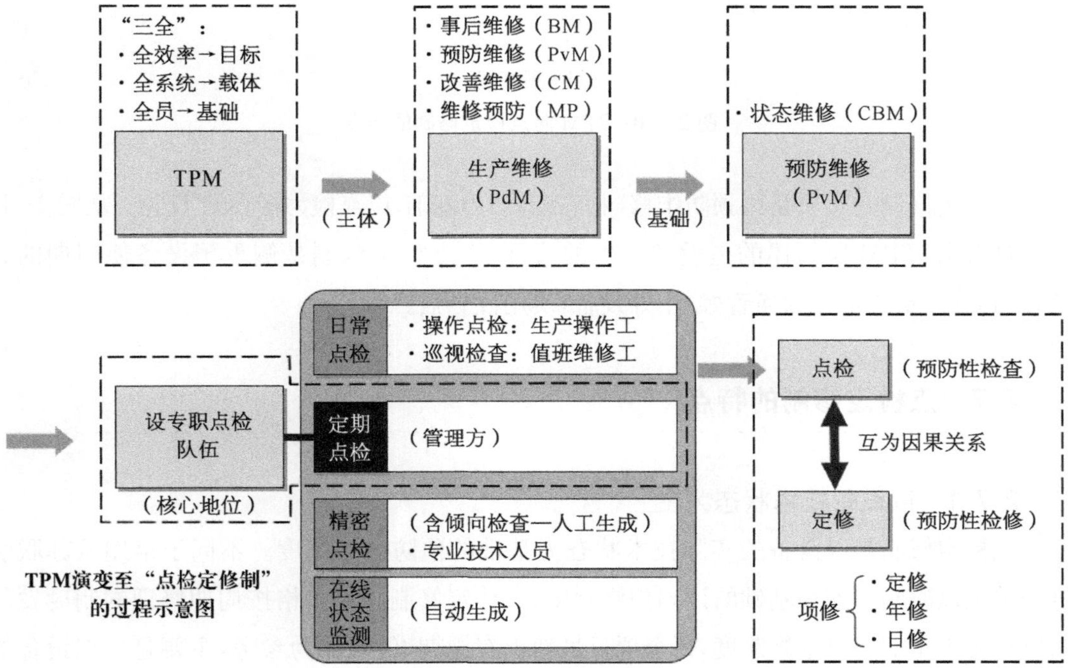

（a）缩略图

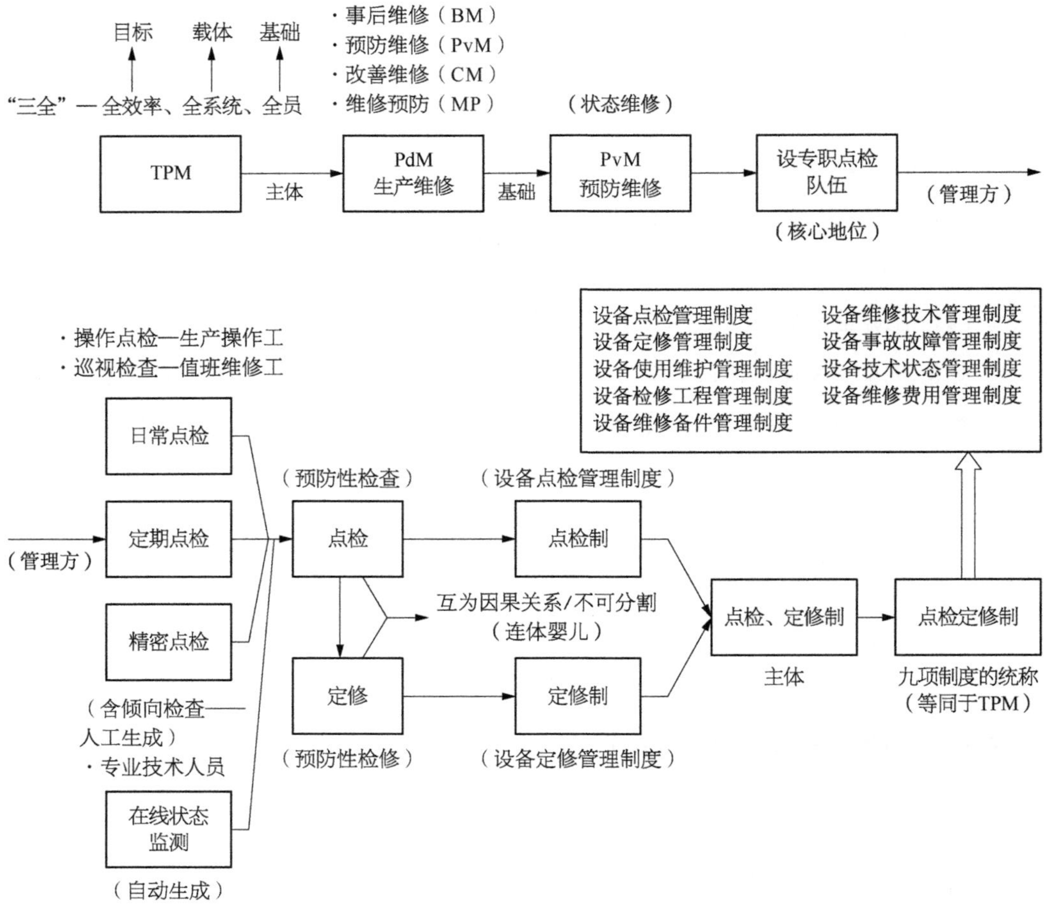

（b）展开图

图 2-10　TPM 向点检定修制的演变

点检定修制的实质是以预防维修(状态维修)为基础、以点检为核心的 TPM。从图 2-10 中不难看出,TPM 所阐述的是设备一生的管理,而点检定修制是侧重于设备使用期的管理,即其管理重心落在如何管好、用好设备,实用性更强。

2.7　点检定修制的特点

2.7.1　以设备技术状态为主

点检定修制是以设备的实际技术状态为基础的预防维修制度。不同于早期从苏联引进的单纯以时间周期为基础的计划预修制度,点检定修制是从严格按周期修理的制度发展为以状态为主的项目维修制度,每个项目虽然也有周期,但仅作为参考,主要是依据设备的实际状态来确定维修时间和内容,防止过维修或欠维修。点检的精华在于通过对设备的检查诊断，从中发现劣化倾向性的问题，来预测设备零部件的寿命周期，确定检修的项目及备件、工程材料需要计划，提出改善措施，以便"对症下药"，使设备始终处于稳定运行状态，不断提高设备综合效率。

2.7.2 以"防"为主

就维修方针而言，点检定修制之所以优于过去的传统管理，因其在主导思想上是以"防"为主，而传统管理是以"修"为主，故采用点检定修制可以最大限度地减少事故和故障。

由于点检制度本身性质，其必须设有专职点检员，他们是专门为了进行预防性检查而设置的，而且被授予编制计划等管理权限，因此属于管理方。维修计划来源于点检，它的主要内容是防劣化项目，实行以防为主的劣化倾向性管理。如果不设专职点检员，设备的专业点检工作将由值班维修人员全权承担，由于其不会像点检员那样把所查得的设备问题自己进行组织处理，其没有设备管理职能，仅有向编制维修计划的管理人员提供状态情报的义务，因此他们仍属于检修方，这样所编制的维修计划目的不是为了预防而是为了对缺陷的设备进行修复，故还是在"修"字上下功夫，仍然没有摆脱以修为主的被动检修或抢修。

有不少企业也在推行点检，但就其实质内容来看，也仅限于巡回检查，相当于点检制中所规定的日常点检，这样的点检周期很短，点检部位仅局限于易检、易损部位。而点检制在内容上不但规定由专职点检员负责定期点检，而且会进行劣化倾向管理，从而达到预知维修的目的，尤其是对设备的关键、重要部位会设置检测探头进行在线状态监测，做好详细的测量记录，准确把握住设备技术状况。因此，相对而言，点检定修制在状态维修做法上比较完善。

2.7.3 设备维修标准体系

点检定修制建有一套较为完整的维修标准体系，即四大标准，它与国内传统习惯用的设备"三大规程"（操作规程、维护规程、检修规程）有所不同。点检就是把设备可能发生劣化和故障的部位设定若干个点，明确规定出维修技术管理值即检查标准值、点检周期和点检方法等，并指定点检员，就是实行定点、定标、定期、定法、定人，形成了一套维修标准体系，它包括维修技术标准、点检标准、给油脂标准、维修作业标准。其中，点检标准和给油脂标准相当于设备维护规程，维修技术标准和维修作业标准相当于检修规程，但要比原有的规程更科学、更严密。建立这套维修标准体系是贯彻执行点检定修制的技术支撑和依据。

除维修标准外，其在账表设定和管理上也是很完善的，主要包括有各类点检计划表、点检工作日志、点检检查表、给油脂管理表和作业记录表、倾向管理表、精密点检计划表、故障记录表、事故报告表、修理履历表、机旁备件管理台账、维修项目预定表、月维修实绩分析报告表等。

2.7.4 设备维修管理体制

在设备维修管理原则上，点检定修制与传统管理有着根本的不同。点检定修制强化基层管理，建立以点检为核心的维修管理体制，整个维修管理重心下移，让最了解最熟悉现场设备技术状况的点检员来掌握编制计划的大权，强化了基础管理，达到预防为主的目的，如连定修日现场指挥也让点检方担当，更能提高维修人员的工作效率；传统管理注重于上层管理，只让少数人参加管理。在管理方法上，点检定修制减少了传统管理中多余的环节和层次，信息反馈畅通，使用与管理从不脱节，有利于实现高效率管理。

2.7.5 严控设备寿命周期费用

在设备维修管理目标上，点检定修制与传统管理也有着根本的不同。实行点检定修制后，其管理目标集中到两点，一是减少设备故障；二是降低维修费用，即以最高的设备综合效率和最低的设备寿命周期费用为追求目标，因此对有些设备还需要进行事后维修，另外加强故障管理也是节约费用的途径之一。传统管理工作是以技术目标为主的，如设备完好率、事故率、检修计划执行率等。

2.7.6 以点检制度为基础的定修制

就检修制度而言，定修制不同于沿用的计划预修制。

(1) 定修制对主要生产作业线设备的检修日期、每次检修时间和每次检修可以占用的人力都有明确规定，而且控制很严。定修计划一旦确立便纳入生产计划，一般情况下不得随意变动。实施中由于严格按照标准化管理程序去做，每个检修工程项目都编订了工时工序表，因而计划完成率很高。这样既保证了生产计划的正常执行，又保证了设备需要的检修工作量能得到充分满足，从而体现了定修与生产的协调、统一性。如果没有上述明确规定，定修计划就容易和生产计划发生矛盾，使设备的检修工作量达不到要求。

(2) 定修制不分大、中、小修，而是按项目立项进行维修，维修项目的立项依据是对设备劣化程度的测定，根据实际需要来确定是否需要检修以及何时检修，所以检修良机获得率很高。但如果维修立项主要依据修理周期来进行，不管设备状况如何，只要到了修理周期，一律进行强制性修理，其结果往往不是过维修就是欠维修。

(3) 定修制是建立在点检制度基础上的，每次定修实际指挥者是点检作业长，这样点检员既是设备的管理者，又是检修的指挥者，避免了传统检修组织体制指挥者级别高、效率不理想的情况。

2.7.7 全员设备维修管理

点检定修制从根本上改变了过去只有部分人员参加设备维修管理的做法，实行了全员参与的设备维修管理，即凡参加生产过程的一切人员都要关心和参加设备维修，特别是生产操作人员负有用好、维护好设备的直接责任，要承担设备的清扫、给油脂、紧固、小修理和日常点检业务。因此，生产人员与设备维修人员的职责融为一体，此为全员管理的基础。

2.7.8 PDCA循环工作法

点检定修制强调在管理上采用PDCA循环工作法，每月召开各级实绩分析会，自下而上逐级召开，逐级提供资料，资料中用大量数据和图表来分析当月的设备事故、故障情况、检修工程实施情况和维修费用发生情况等，并提出改进对策和实施措施，这对提高设备维修管理水平起了一定的推动作用。

2.7.9 现场安全管理的三大法宝

点检定修制坚持安全第一的管理方针，实行危险预知、安全确认、安全诊断三项有效措施，尤其是坚持以点检方为主的点检方、检修方、生产方三方安全确认挂(摘)牌制度，这对防止安全事故的发生起到了有效的作用。

2.7.10 适应设备现代化管理的操作、维修队伍

按照点检定修制本身的要求，随着设备现代化水平的提高，维修技术的日益发展，对操作、维修人员的素质要求也愈来愈高，如要求生产操作人员经培训后会从事设备的日常点检、自检自修、故障处理等，成为一个复合型的操检工；要求专职点检员必须具有相当丰富的实际经验、一定的基础理论知识和较强的管理能力；要求检修人员一专多能，以能实现满负荷高效率工作。因此，操作、维修人员素质已远远超出了一般企业生产第一线人员的素质要求，他们在企业中所处地位也愈发重要。

为便于记忆，把上述点检定修制的十大特点归纳为以下四个主要特点：

(1) 从严格按时间周期修理的制度发展为以状态为主的项目维修(项修)制度，即每一个项目虽然也有周期，但仅作为参考，主要依据设备实际技术状态来确定维修时间和内容，防止过维修或欠维修。

(2) 设专职点检员，突出预防性检查，建立以点检为核心的维修管理体制。

(3) 全员管理,凡参加生产过程的一切人员都要关心和参加设备维修管理工作。

(4) 科学分析,实行 PDCA 循环工作法,形成闭环。

2.8 点检定修制与计划预修制的主要区别

点检定修制与计划预修制的主要区别见表 2-2。

表 2-2 点检定修制与计划预修制的主要区别

点检定修制	计划预修制
动态(周期+状态) 以防为主 以点检为核心 全员参加 设专职点检员 成果科学分析(定量为主)	静态(周期为定值) 以修为主 以修理为核心 部分人参加 修检合一 成果简单分析(定性为主)

2.9 推行点检定修制必备的九项设备维修管理制度

为了统一参与现代化设备维修管理活动的部门和人员的行为,必须制定以下设备维修管理制度:①设备点检管理制度;②设备定修管理制度;③设备使用维护管理制度;④设备检修工程管理制度;⑤设备维修备件管理制度;⑥设备维修技术管理制度;⑦设备技术状态管理制度;⑧设备事故故障管理制度;⑨设备维修费用管理制度。

九项设备维修管理制度的相互关系如图 2-11 所示。

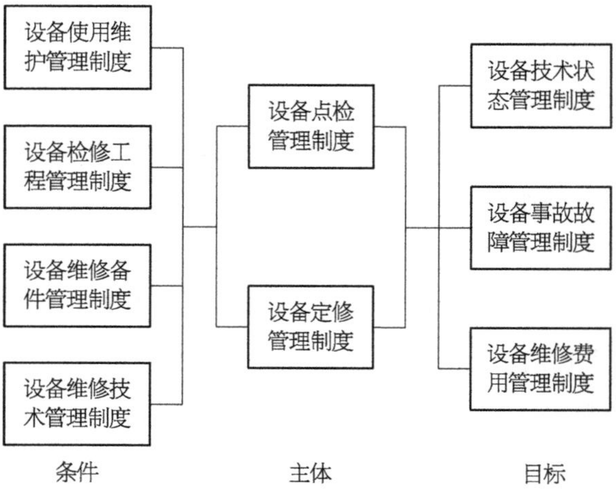

图 2-11 九项管理制度的相互关系

点检制和定修制体现了现代化设备维修管理理念和实施方式，因此这两项制度是九项制度中的主体。

准确使用设备、搞好设备的日常维护保养，对检修工程、维修备件实行标准化管理，对维修技术力量的有效使用，都是执行好点检制和定修制必须具备的条件，第 3、4、5、6 项制度就是分别为了上述目的而制定的。

第 7、8、9 三项制度分别是为“保持设备良好的技术状态”“减少事故、故障时间和损失”“减少维修费用”这三项管理目标而制定的。

可以说后七项制度是点检制和定修制的补充，它们之间有着内在的相互联系，这九项制度应看成是一个不可分割的整体。所谓点检定修制绝不单指点检、定修两项制度，而是所有这九项制度的统称，也是现代化设备维修管理工作的重要组成部分。

这里要进一步说明的是，企业中的各项管理制度都是相关联的，特别是在现代化企业中的管理方式更是如此。比如，在宝钢引进的现代化管理方式中的计划值管理、标准化作业、作业长制、自主管理及在检修中根据宝钢的企业特点所实施的点检方、生产操作方、检修方的三方安全确认制，都是搞好设备点检、定修管理工作的重要保证。

第 3 章

点检及点检制

3.1 点检

设备在运转和生产过程中会逐渐劣化，具体表现有磨损、腐蚀、变形、断裂、熔损、绝缘老化、异常振动等，这种设备的劣化现象是必然的，其结果是导致设备功能缺失及精度下降，造成减少收得率和降低产品质量。

通常，设备可能发生劣化的部位有 7 个：回转部位(各类轴承、轴套等)；滑动部位(导轨面、滑块等)；传动部位(压下丝母、齿轮、齿条等)；荷重支撑部位(轧机牌坊、剪床刃台等)；与原材料相接触部位(传送皮带、辊道等)；受介质腐蚀部位(水、风、气等各类管道、阀门等)；电气部位。

设备的劣化多半不是偶发的。实践经验告诉我们，只要在准确操作、使用和按要求进行日常维护保养的条件下，设备各部位的劣化是渐变过程，而且基本上是有规律、有发展期的，完全可以通过人为的努力延缓和推迟劣化。如果我们利用各种有效手段对相应部位进行必要的预防性检查，则设备的劣化过程是可以掌握的，甚至是可以预知的。只要我们在设备发生故障和劣化之前进行相应的维修，故障和劣化就可以避免。

3.1.1 点检的定义

为了维持生产设备原有的性能，通过利用人的感官或简单的工具、仪器，按照预先设定的周期和方法对设备上的某一规定部位进行预防性周密检查，以使设备的隐患和缺陷能够在早期被发现、预防、处理，这样的设备检查称为点检。

通过对设备的检查、诊断，力求尽早发现不良部位。根据确定消除隐患和缺陷的检修日期、范围和内容，制定检修工程计划及备件、工程材料需用计划等，这是设备维修管理的基础工作。为做好这项工作，点检员事先应对每台设备可能发生劣化的各个部位根据设备设计要求及凭自己的经验制定出一套维修标准，然后把点检结果和标准作一比较，就不难确定该设备应该在什么时候维修，需要进行什么样的维修，这就是点检的全部意义。

要发现设备的异常部位，主要是凭借点检员的经验、技术及久经锻炼的人体感官，并配以测定和检查仪器的使用。人体感官具有其他检测方式难以复制的能力：耳朵可以辨别异常声音；鼻子可以闻出异味；眼睛可以看出外表移动和变形；手可以感知振动、发热之类的异常现象。另外，使用听音棒、检验锤之类的简单工具，可以代替测振仪、示波器、超声波探伤仪之类的诊断用专用仪器，定性了解设备的异常现象。

点检技能除依靠人的感官或简单工器具对设备进行简易诊断外，还致力于开发设备精密诊断技术，其目的是为定量掌控设备的技术状况，或查清设备异常的原因。

3.1.2　五定

点检与传统设备检查的根本区别在于点检是一种管理方法，而传统设备检查只是一种检查方法。

为要做好点检工作，必须要做好点检的“五定”，它是开展点检工作的基础，具体反映在点检标准中。

“五定”的确定是涉及点检、定修能否顺利实施的基本条件之一，对此需要不断探索和深化点检“五定”，努力求真务实。

“五定”内容：

(1) 定点——设定点检、检查的部位、项目和内容。

定点就是确定每台设备有多少需要维护的部位。确定维护部位即要科学地分析该设备，找准可能发生故障和老化的部位。定点时，要求点检员首先应了解和掌握设备的性能(含功能、精度)、结构和工作原理及其在生产中的地位和作用，再把设备细分成若干个部位，整理出一份明细清单。事实证明，若对设备情况掌握得愈多，专业知识和实践经验积累愈丰富，愈有助于定点工作。

(2) 定法——确定点检、检查的方法。

点检的方法主要有人体感官(触觉、听觉等)点检法、解体与非解体检查法、设备在运转前、运转中、运转后的点检法、常用工检器具(简易、精密)点检法等。

(3) 定标——制定判定标准，用设定的标准与运行(或停止)中的设备参数作对照。

从现场实践过程中认识到，若制定的判定标准不明确，对专业知识掌握不足、经验缺乏的点检员来说，就不能及时准确地判定设备有无异常，甚至可能当设备发生了隐患或故障时还误以为是正常。确定具体的判定标准，能便于点检员掌握和熟悉设备各部位的维护要求，对开展现场点检工作起到指导作用，也为确定设备是否需要检修提供了可靠依据。在定标时，必须注意以下两点：①制定判定标准过粗，如对桥式行车车轮规定“点检车轮有无异常”，类似这样的判定标准是不适用的，对并不掌握车轮在什么劣化程度下应认定为异常的点检员来讲，是不可能及时准确地判断出异常来的；②所制定的判定标准不切合点检员的实际工作，有些专业点检内容不应安排岗位操作人员去干，如“点检设备电气部分对地的绝缘电阻，应在 0.5MΩ 以上”，这对日常点检来说是做不到的，若强求其去做，只能流于形式。

(4) 定期——设定点检、检查的周期。

即定两次点检、检查之间相隔的时间，是每日 1 次或多次，还是 1 周、1 月 1 次等，这应根据设备实际技术状态和客观需求而定。在实施点检过程中，依据所作记录，当逐步掌握设备劣化和故障发生的规律时，对原已确定的周期可作适当修正。

(5) 定人——确定点检项目的实施人。

即确定每台设备由谁来按照点检标准中所设定的周期和方法等进行点检、检查，是岗位操作人员、值班维修人员还是专职点检员或专业技术人员，务必落实到人头上。

(注：在设备维修标准体系中，所制定的四大标准内容，均包含着“五定”的内容)

下面以减速箱轴承为例，加以说明。

表 3-1　五定案例

定点	点检、检查部位	减速箱轴承
	点检、检查项目	轴承座上盖
	点检、检查内容	温度
定法	点检、检查方法	手摸/温度计(感官/简单工器具)
定标	判定标准	40 ℃ + 室温
定期	点检周期	天/周/月
定人	点检、检查人员	操作工/点检员/值班维修工

对照点检标准样式(表 3-4)，便学会如何编制点检标准。“五定”中，重点应掌握点检周期的设定，它在维修技术标准中有所规定，系点检管理主要内容之一。

设备点检周期应根据设备状态受控点在生产中的重要程度和该状态受控点发生故障的概率来确定。影响点检周期的主要因素：设备的有效作业率；设备使用条件；环境条件(温度、湿度、粉尘等)；润滑状况；对生产的影响程度；使用实绩值；制造厂家的推荐值。

点检周期可分为检查周期和使用周期两大类，如图 3-1 所示。

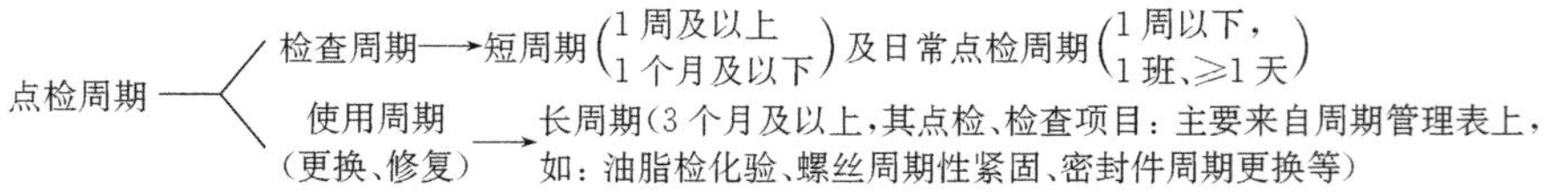

图 3-1　点检周期分类图

点检周期：系动态，即周期不固定，依据设备技术状态的良否可做修正[周期(参考值)+状态]，否则趋于计划预修(周期为常值)，具体修正法如图 3-2 所示。

点检周期中，较难把握的是使用周期。若按以往的计划预修，到了一定的使用周期就得更换零部件。而实行状态维修后，则不是“换”，而是“看”，也就是要看是否还能使用，如果还没有达到更换的极限值，则继续使用，以节约维修成本，同时对其继续跟踪，实施基于状态的维修，即周期+状态。

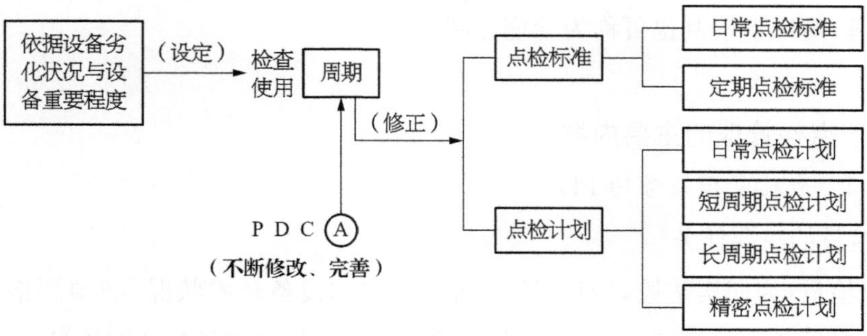

图 3-2　点检周期修正图

对设备使用状况的判断，可反映点检员技能和管理水平。

下面通过使用周期案例加以说明，如图 3-3 所示。

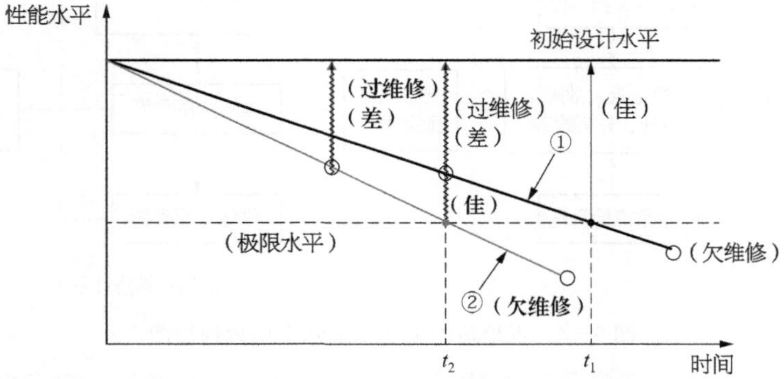

图 3-3　使用周期案例

比较①、②两条曲线，从图中不难看出，使用周期是个变量。我们必须意识到每台设备的磨损是不尽相同的。在制定维修标准时不能简单套用，搞一刀切，必须按照设备的实际运行状况制定合理的维修标准。即便是同一台或同一类型的设备，由于在使用环境、使用条件、投入运行时间（有效作业时间）和维护方法等方面存在一定的差异，因而设备的实际磨损也就不同。如图 3-3 所示，曲线①使用周期比曲线②长，故要切实把握设备实际技术状态。使用周期 t 是个变量，必须实行动态管理，即周期＋状态。

3.2　点检制

3.2.1　点检制的意义

点检制是设备点检管理制度的简称，是设备维修管理工作中的一项有关点检的基本责任制度。由该制度本身所决定，产生设备维修的一个新的工种——点检员，其目的不是检修，而是管理，所以点检制也可称为管理方制度。

3.2.2 点检管理的主要内容

3.2.2.1 点检管理业务的 PDCA

1）点检员的主要任务

作为点检员，为切实掌控好自己所管辖区域内的设备技术状况，必须严格运用 PDCA 工作循环法对设备进行管理。图 3－4 所示的是点检员的主要任务和实施过程简图。

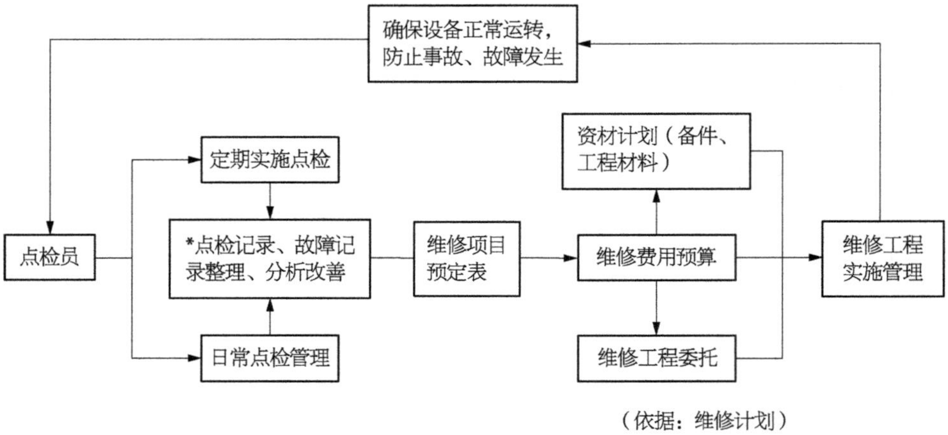

图 3－4 点检员的主要任务和实施过程简图

＊点检记录——有无异常（缺陷、隐患、故障征兆），包括作业记录、异常记录和劣化倾向（趋势化）记录。

如图 3－4 所示，在点检员的主要任务中，“日常点检”是分别由生产操作人员和值班维修人员来实施的。作为点检员，应与操作、值班维修人员共同商定日常点检的内容与实施计划，并在技术上做出相应指导，进行定期联络，对日常点检中的不足加以修改。

点检员的工作业绩主要以所管辖区域内设备的故障率和维修费用这两个指标来考核。

2）点检管理业务框图解读

点检管理业务如图 3－5 所示。

PDCA（图 3－6）是自主管理活动必须遵循的科学的管理程序，由计划（Plan）、实施（Do）、检查（Check）、处理（Action）的英文首字母组成。要注意的是，PDCA 中的 C（Check）译为检查，但由于判别是否检查过的主要依据是查看记录，故通常在点检管理中译作“记录”。

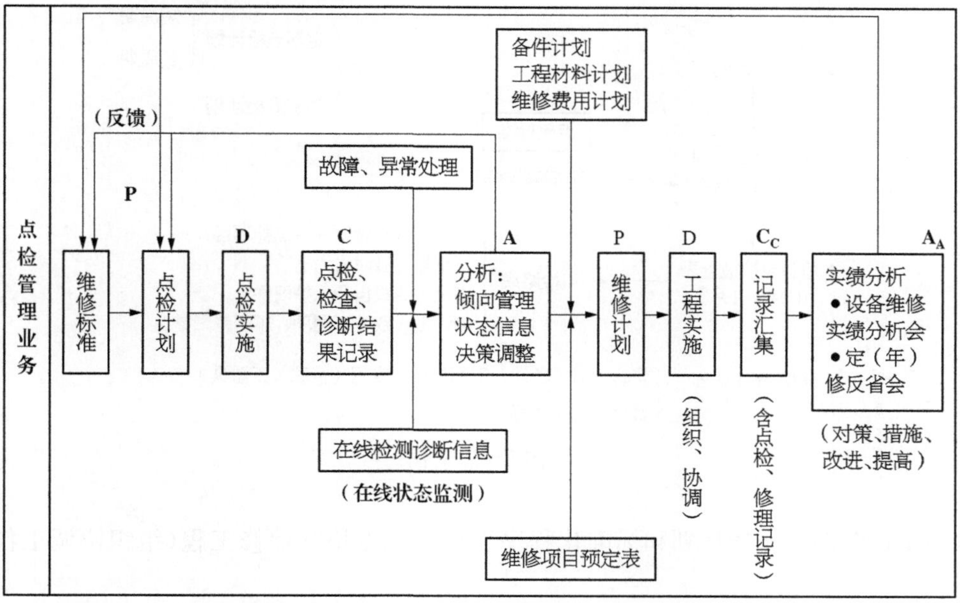

图 3－5　点检管理业务框图

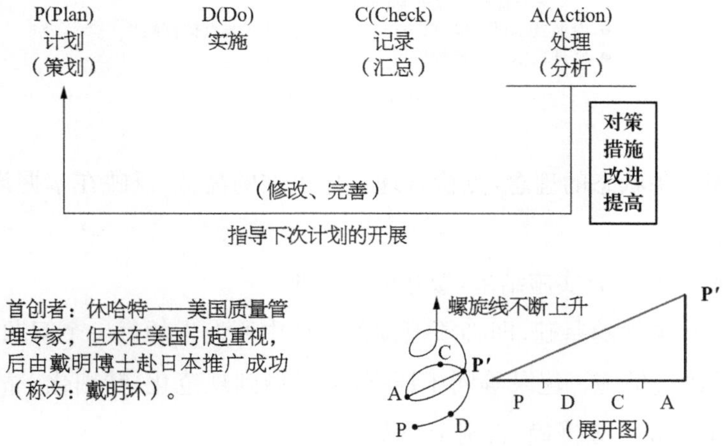

图 3－6　PDCA 展示图

(1) P(计划、策划)——制定点检标准(给油脂标准)和点检计划(给油脂管理表)、维修计划(图 3－7)。

由专职点检员协同生产操作人员、值班维修人员依据点检标准制定日常点检计划(分日、周点检作业卡)，分别按分工由生产操作人员、值班维修人员实施。依据给油脂标准制定给油脂作业卡(班、月两种)，由生产操作人员、值班维修人员分工实施。点检员要掌握信息，搞好润滑油脂管理工作。

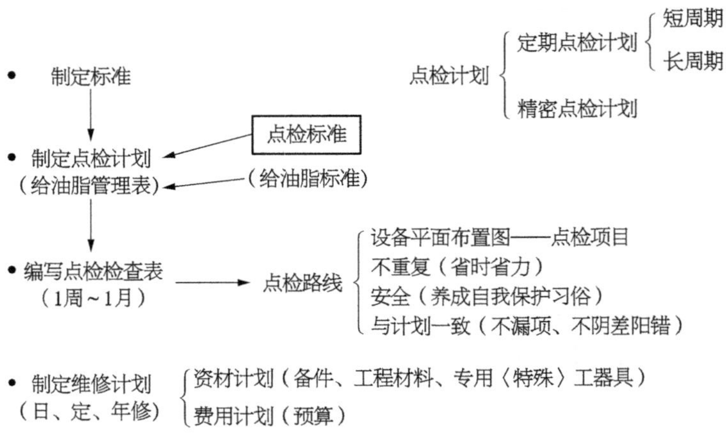

图 3－7　P 图

(2) D(实施)——按计划和标准化程序管理实施点检和检修工程(组织协调工作)(图 3－8)。

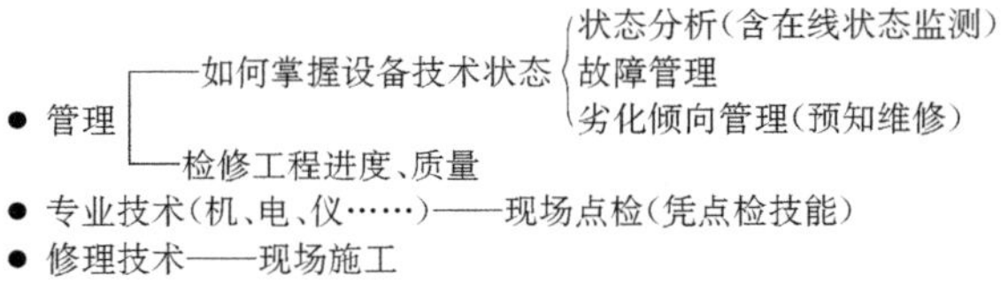

图 3－8　D 图

要树有管理设备状态的理念,点检管理工作水准的高低,反映在掌握设备状态的可靠程度。

(3) C(记录)——检查实施结果,做好记录整理。

记录应看成是维修的基础,即必须把设备运行中所发生的每一个问题详细记录下来,方能做出有效的改进措施。记录等同于证据,务必做到规范化、精细化。故设定记录用账表时务必保证精简,记录要准确,否则全都无效。

(4) A(处理)——在实绩分析的基础上制定措施、对策,自主改进,不断提高(图 3－9)。

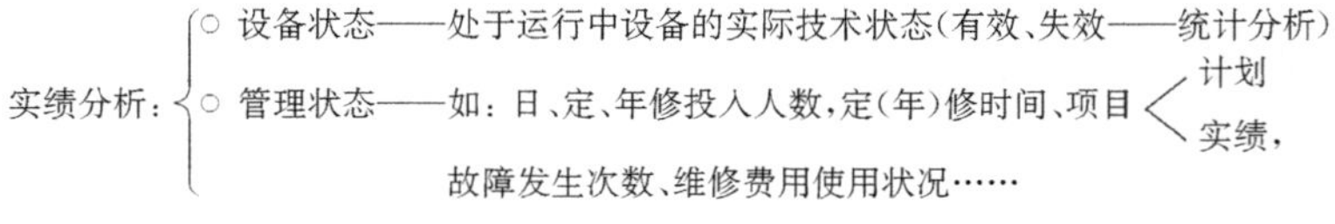

图 3－9　C－A 图

现以宝钢炼铁厂为例,实绩报告会资料格式如图 3－10 所示。

单位：炼铁厂　　　　年　　月

当月概况

1. 召开二次 DL 年修会议
2. 焦煤系统分工协议草案已完成
3. 焦煤系统设备点检的台账已基本建议，在完善中，并落实检查考核制度
4. 二期备件推荐表初步审查完毕
5. 对长周期管理项目进行统计，年度要求实施率达 80%以上
6. 4＃CDQ 和 TRT 年修已基本结束，4＃CDQ 检修质量尚可运行正常，TRT 目前试运转振动超值原因不明无法正常投入，1＃成型煤年修正进行中
7. 召开 88 年度炼铁厂设备工作会议和第四次设备管理成果发布会
8. 设备整改，炼铁系统 130 项完成 122 项，焦煤系统 98 项完成 65 项

下月主要工作

1. 继续抓好焦煤系统的设备整改工作
2. 焦煤系统分工协议定稿、签字、执行
3. DL 年修工作继续准备和协调，全面完成 1＃ 成型煤年修项目
4. 抓好 10/6BF 定修和 DL 目前全停电作业及原料直送，焦炉有关定修项目完成
5. 做好精密点检项目的调整和实施工作，年内要完成 80%以上
6. 做好设备过冬的防寒保温工作的统计、调查和准备工作
7. 做好计量抽查和档案升级的配合工作

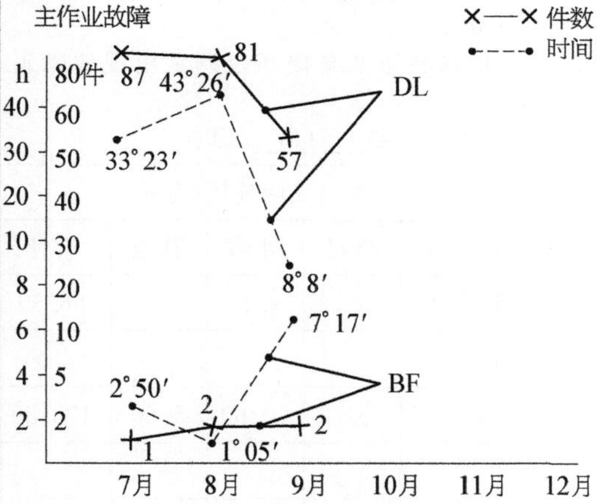

项目 / 单元	上季月平均		目标值时间	实绩值	
	件数	时间		件数	时间
高炉	1	6 小时 01 分钟	3 小时	2	7 小时 17 分钟
烧结	48	15 小时 46 分钟	22 小时	57	8 小时 8 分钟

主要故障(事故)、主要设备异常及对策：(1 小时以上故障列入)

日期	故障(事故)名称及摘要	原因	对策
9/10 9/1	焦处理 E/R 因铜铝接头电缆烧损造成 BF 休风 7 小时 57 分钟，DL 停机 12 小时	铜铝接头施工隐患	交接电缆和接头并对所有电缆接头全面检查，排除隐患
9/27	18＃风口烧损 BF 休风 2 小时 42 分钟	自然损坏	加强巡检，注意观察
9/2	12＃风口曲损 BF 休风 4 小时 35 分钟	附壁料抠损	加强操作使焦炉子顺行
9/7	K109BC 撕裂单停 36 小时 05 分钟	严重堵料	加强生产点检，及时清料
9/8	1＃BRA 斗轮支撑轴坏单机停 7 小时 41 分钟	轴承质量欠佳	加强巡检，注意备件质量
9/22	1＃ST 皮带轮轴承坏单机停 10 小时 09 分钟	紧定套松动引起轴向窜动	加强检修质量验收
	B 吊卡住——单机停 5 小时 05 分钟	焦罐导轮拉脱	加强点检

科长________ 制表人________ 日期________

定(年)、日修工程	日期	工作量(人数)		时间		项目(项)	
		计划	实际	计划	实际	计划	实际
烧结机	9/12	607	583	20 小时	23 小时 30 分钟	131	131
1#焦炉 定修	9/7	72	72	4 小时	3 小时 50 分钟	20	20
2#焦炉	9/21	72	71	4 小时	3 小时 48 分钟	22	22
4#CDQTRT 年修		1 601	1 609	26 天	26 天	167	167
	9/15-29	154	170	14 天	14 天	67	67
日修				73 991 小时	72 884 小时	1 517	1 586

主要工程项目

1. 0-101BC。0-102BC。0-103BC 皮带更换
2. 热破导料槽修理
3. P-301BC 皮带更换
4. 1*推焦车减速机油更换
5. 3#焦格子衬板更换
6. 3#CDQ3G 开放点检及 SC 头部翻板更换
7. 三重水管更换,WG 窗开放检修
8. 0-101BC 皮带因五次施工组织不力延时 3 小时 30 分钟
9. TRT 年修高压油泵损坏及调试出现故障延时 d

故障检修、异常处理__65__项目__1 396__工时　　本单位本月拥有工时数__5 697__工时

维修费用	本季度预算(万元)					本月实际耗用(万元)				
	备件	材料	外协	其他	合计	备件	材料	外协	其他	合计
高炉 点检工段	128.50	23.94	1.26		153.70	58.19	13.72	9.14	5.45	86.50
点检工段										
烧结 点检工段	154.97	35.21	1.82		192.05	147.05	10.13	10.60	5.60	173.29
点检工段										
原料 点检工段	94.50	26.80	2.2		123.50	39.56	62.74	10.72	5.20	118.2
机动科	94.50	21.50	219.72	13.17	13.37					
总计	472.47	107.50	235.00	13.17	818.34	244.80	86.59	30.46	16.25	378.10

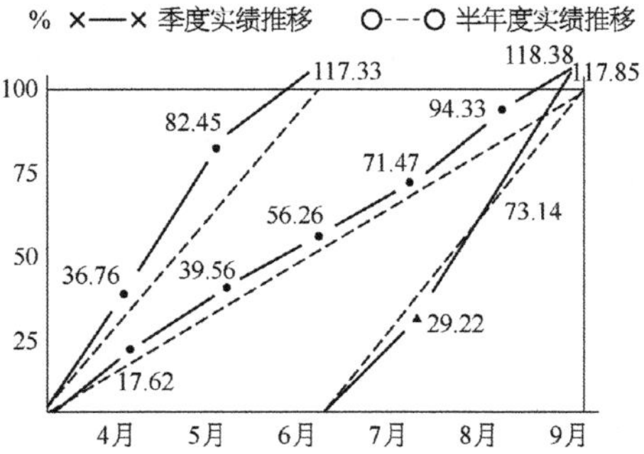

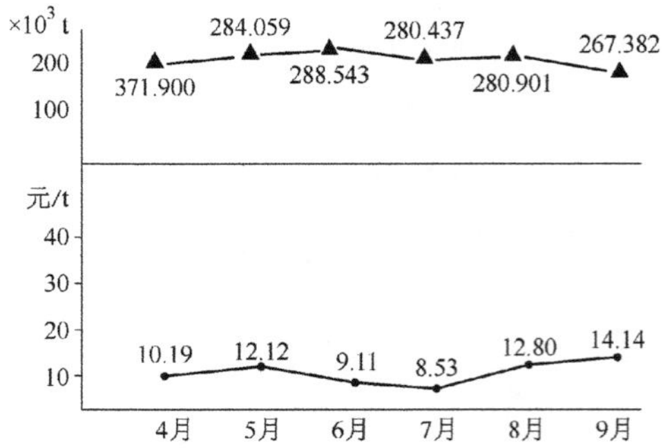

特计

图 3-10　实绩报告会资料

PDCA＝PDS(计划、实施、审视)，PDS 是 PDCA 的进化，其中：S(See)——译为审视。

若四个环节抓不住，等于无效循环。目前国内企业中 S 这个环节做得不尽如人意。

这种不断改进工作的 PDCA 循环方法，使过程处于动态的受控状态，实现了对过程进行识别和处理的目的。PDCA 是一个永恒的持续改进的循环活动，是体现永远无止境的改进过程。过程控制中强调数据、信息搜集与分析。

由点检方主要负责的两个 PDCA 循环工作图分别如图 3 - 11、图 3 - 12 所示。

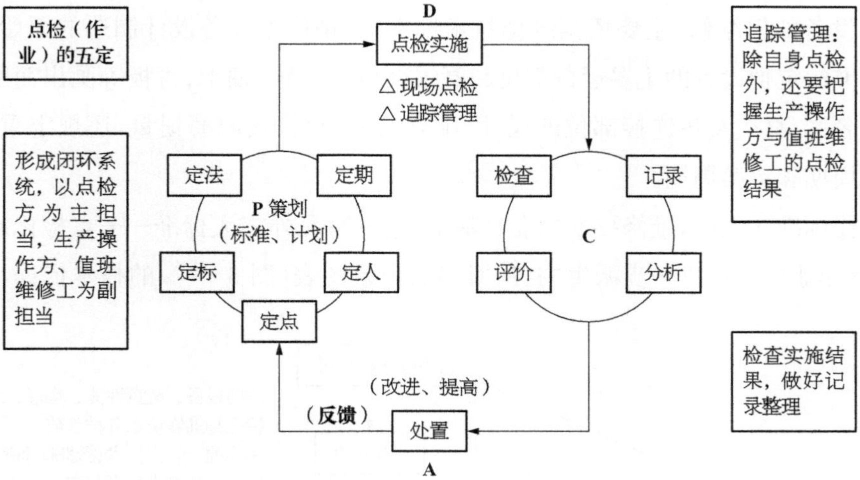

图 3 - 11　专职点检作业管理的 PDCA 循环推进图

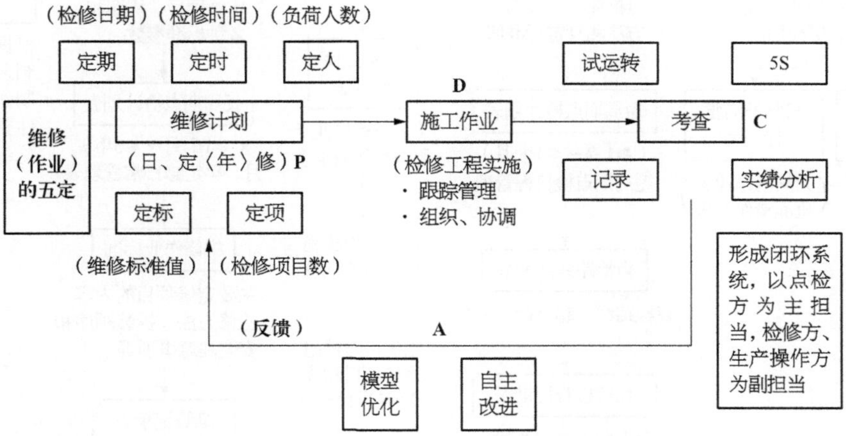

图 3 - 12　检修工程管理的 PDCA 循环推进图

3.2.2.2　设备维修标准体系的设定与应用

根据设备在生产过程中所处的地位不同，对设备进行分类。凡是关键、重要的设备均列为预防性检查对象；凡是预防性检查对象的设备，点检员必须对设备可能发生故障和劣化的部位逐台制定各种维修标准，形成设备维修标准体系，并按设定的标准要求对确定的部位有计划地逐点进行预防性检查。

编写维修标准的目的是使企业的基层员工看到标准后能进行各种作业和管理。所以，要求内容准确、全面、明了、简练、实用，并要求形式表格化，让员工容易理解接受并有效执行。设备维修标准是对设备实施维修技术管理、点检、维护、检修等标准化作业的依据。

维修标准有以下几种：

(1) 维修技术标准。

一台设备如何维修，主要依据维修技术标准，它是依据设备设计制造的原始数据制定的。该标准规定把设备的主要运行部位和磨损部位如齿轮、轴承、衬板等画出简明示意图，标注部位名称、材质及各连接部位的尺寸、配合公差、允许极限磨损量，还规定重点点检项目、方法、周期和更换周期。

在维修标准体系中，维修技术标准是基础，是编写另外三大标准——点检标准、给油脂标准、维修作业标准及进一步派生的各种计划、记录图表(图 3－13)的技术依据，是贯彻执

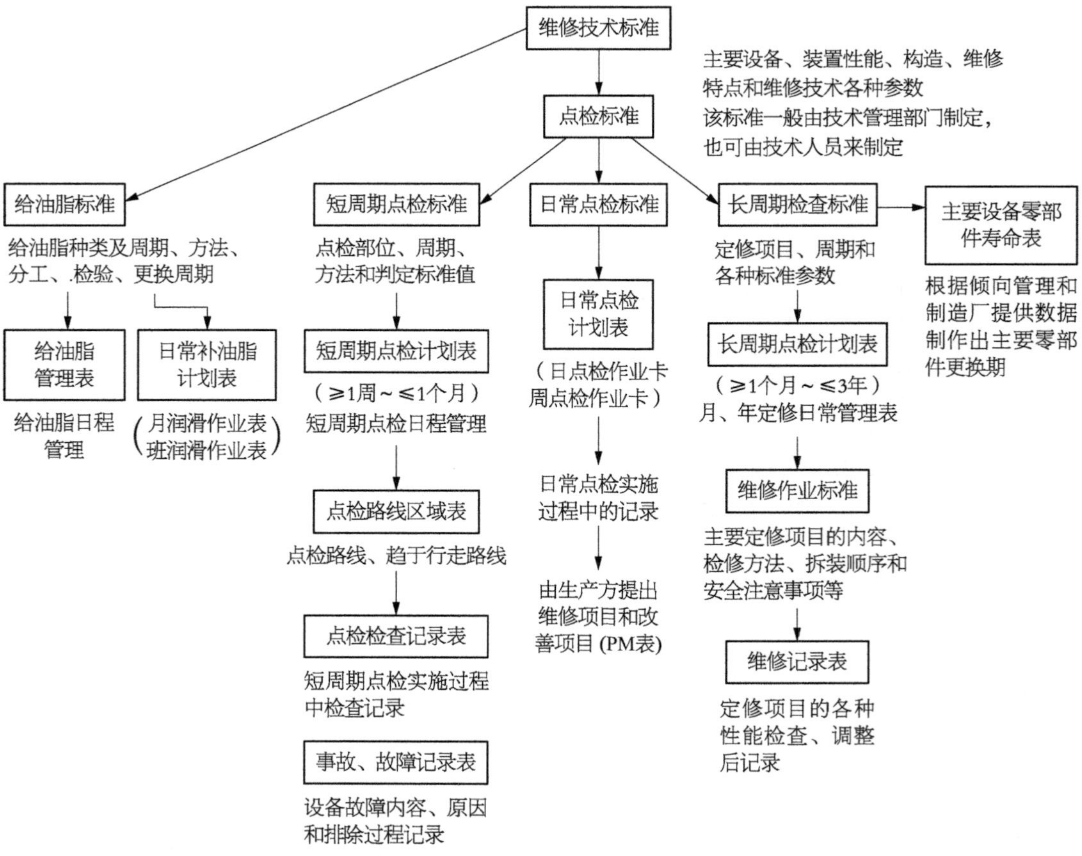

图 3－13　维修技术标准派生的各类计划、记录表

表 3-2 维修技术标准表

设备名	初轧机	装置名	压下装置	设备编号	

S：班；M：月；D：天；Y：年；W：周

部位简图	件名	材质	维修标准			点检或者检查		更换周期	备注
			图纸尺寸	图纸间隙	许容量	方法	周期		
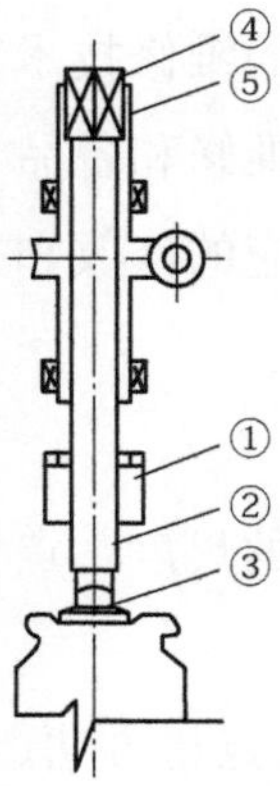	① 螺母	SAE640	齿顶厚 21.23	侧隙 0.635	齿顶厚磨损 30%	测定			球面垫磨损 1.5 mm 后加工油槽
	② 丝杆	S45C	齿顶厚 20.81		齿顶厚磨损 10%	测定			
	③ 球面垫	SAM214	80		76	测定	3M		
	④ 丝杆方头		470	间隙 0.40～0.60	467	测定	1Y		
	⑤ 丝杆方头	SC46	470			测定	2Y		

表 3-3 维修技术标准表

设备名	炉顶装料	装置名	旋转溜槽 2/4

M：月；Y：年

部位简图	件名	材质	维修标准			点检或者检查		更换周期	备注
			图纸尺寸	图纸间隙	许容量	方法	周期		
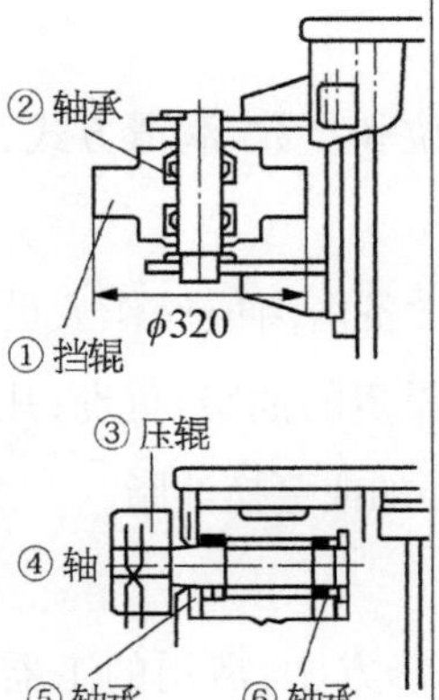	① 挡辊	SI5C	Φ320		外径磨损 65 mm	目测	6M		
	② 轴承	SUJ2	No22214	0.050～0.080	0.24 mm	测定	2Y	2Y	
	③ 压辊	SI5C	Φ150		外径磨损 30 mm	目测	6M		
	④ 轴	S35C	$\Phi50^{+0.026}$	0.025～0.050		目测	6M		
	⑤ 轴承	SUJ2	No22211	0.040～0.065	0.195 mm	测定	2Y	2Y	
	⑥ 轴承	SUJ2	N6211	0.008～0.028	0.084 mm	测定	2Y	2Y	

行点检定修制的重要技术支撑。它反映了设备的性能构造、维修特性和规定设备各部位(点)的维修技术管理值，如温度、压力、流量、电流、电压、尺寸公差等允许值和检查方法，格式见表 3-2、表 3-3。该项标准最初可由专业技术人员负责编制，对点检员来说，要熟悉、掌握它。

维修技术标准中最关键的是维修技术管理值的确定。通常，投产初期的制定依据来自两个方面：一是根据制造厂家提供的设备使用说明书，它体现了设计者的思想，但设计者往往是从安全的角度来考虑的；二是参考国内同类生产厂家或性能相类似设备的维修技术管理值，它体现了设备维修管理人员的经验和水平。在投产后还应依据生产、维修和备品备件等实际情况及企业发展的经济效益等因素，逐步对维修技术管理值进行相应的修改和完善。维修技术标准通常在投产 3～5 年后方能基本修订完成。

(2) 点检标准。

点检标准是衡量或判别点检部位是否正常的依据，也是判别该部位劣化的尺度。点检员凭点检标准方能对设备进行预防性检查。

点检标准规定设备各部位的点检项目、点检内容、点检周期、判定标准值、点检方法、点检分工，以及在什么状态下进行点检等(格式见表 3-4～表 3-6)。该项标准由专职点检员负责编制，并作为制定日常点检计划和定期点检计划及精密点检计划的依据。

(3) 给油脂标准。

在现代化工业企业中，设备给油脂管理工作的地位愈来愈重要，机械润滑可以减少摩擦和磨损，防止锈蚀并能起到冷却和冲洗作用。

给油脂标准是规定设备给油脂部位、给油脂周期、方法、分工、油脂的品种、规格、数量及检验周期，格式见表 3-7。该项标准由专职点检员负责编制，并根据此标准制定出"给油脂管理表"。作为对设备进行更换油脂或补油等的依据，各岗位操作人员、值班维修人员根据此给油脂标准来制定给油脂作业卡。

将表 3-7 展开来讲，给油脂标准主要包括五个方面——给油脂部位和点数、润滑方式、油脂牌号、补加油脂量及周期、油脂更换量及周期、给油脂作业的分工。

给油脂标准中对作业分工应有明确的规定：凡人工或手动加油的设备由岗位操作人员负责；远离生产作业线的设备由值班维修人员或专职点检员(指特种或昂贵的油脂)负责；凡自动加油或一次性加油的设备，由专职点检员委托检修人员按计划定期补加或更换油脂。

(4) 维修作业标准。

维修作业标准是检修人员进行施工作业的依据。其内容应包括检修方法、需用的工器具、备件、安全技术事项及检修工时和进度，格式见图 3-14、表 3-8。该项标准由施工班组负责编制，专职点检员负责确认。

表3-4　点检标准表

S：班；D：天；W：周；M：月；Y：年

设备名称	初轧机	装置名称	轧辊驱动																		M.E.I通用	
序号	部件编号	部位	项目	内容	点检周期			点检分工			设备状态		点检方法								判定标准	备注
					专职	运行	生产	专职	运行	生产	运转	停止	目视	手摸	听音	嗅觉	敲打	解体	精密	其他		
1		减速机	齿轮	磨损	6M			●				●	●						●		无异常磨损	
				齿接触	3M			●				●						●			良好	
				异音		1W			●		●				●						无异音	
				给油脂			1D			●	●		●								正常	
			轴承	温度			1D			●	●			●							正常	
				振动	6M			●			●		●		●				●		无异常	
2		万向接轴	本体	磨损损伤	1M			●				●	●								无异常磨损损伤	
				摆动	1M		1D	●		●	●		●								无异常摆动	
				龟裂	1M			●				●	●						●		无龟裂	
			平衡油缸（上、下）	安装状态		3D			●			●	●								良好	
				动作状态	3D		1D	●		●	●		●								动作稳定	
				端盖处泄漏	3D		1D	●		●	●		●								无泄漏	
				法兰处泄漏	3D		1D	●		●	●		●								无泄漏	
				端盖螺栓					●			●	●								无松动	
				活塞杆磨损	1M			●			●	●	●								镀层无剥落	
				伸缩罩安装状态		3D			●			●	●								良好	
				伸缩罩破损		3D			●			●	●								无异常破损	
				软管泄漏	3D		1D	●		●	●	●	●								无泄漏	

表 3－5　点检标准表

设备名	交流电动机	装置名	

S：班；D：天；W：周；M：月；Y：年

No.	部位	项目	内容	点检周期	分工			状态		点检方法						判定标准	备注
					操作	运行	专业	运转	停止	目视	手摸	听音	打击	精密	其他		
			异音	1D		○		○				○				无异音	
			异味	1D		○		○							嗅	无异音	
			异温	1D		○		○			○					无异温	
			振动	1D		○		○			○					无异振	
			破损	1D		○		○		○						无破损	
			滴漏	1D		○		○		○						无滴漏	雨淋、漏油
			脱落	1D		○		○		○						无脱落	端子盖接地线等
			灰尘	3M	○	○	○		○						清扫	干净	
			松动	6M			○		○						紧固	无松动	
			绝缘电阻	3M			○		○						测定	0.5 MΩ 以上	
			振动	3M			○	○					○			按维修技术标准	A 类设备
			绝缘电阻	3M			○		○						测定	0.5 MΩ 以上	
			内部灰尘				○		○						解体	干净	委托检修部门

表3-6 点检标准表

设备名称	PLC盘	装置名	

S：班；D：天；W：周；M：月；Y：年

No.	部位	项目	内容	点检周期	分工			状态		点检方法						判定标准	备注
					操作	运行	专业	运转	停止	目视	手摸	听音	打击	精密	其他		
1	本体		异响	1D		○	○	○				○				无异响	
			异味	1D		○		○							嗅	无异味	
			脱落	1D		○		○		○						无脱落	
			灰尘	2M			○		○						清扫	干净	
2	电源灯		亮	1D		○		○		○						亮	
3	配线端子		松动	6M			○		○						紧固	无松动	
4	过滤网		堵塞	3M			○		○						清扫	干净	
5	电源部		各部电压值	1Y			○	○							测定	±1 V	例15 V
6	平散接地		接地电阻	1Y			○	○	○						测定	100 Ω以下	
7	备用电池		电池寿命	1D		○				○						灯灭	
8	扦件板		松动	1M			○	○			○					无松动	
9	磁盘		寻盘	6M			○	○	○					○			
10	脉冲发生		波形测定	1Y			○	○						○		按资料规定	

表 3-7　给油脂标准表　　S：班；D：天；W：周；M：月；Y：年

设备名	装置名称	给油部位	给油方法	油品	个数	维修				生产			
						给油		更换		给油		更换	
						量	周期	量	周期	量	周期	量	周期
卸船机	走行装置	减速机	油浴	GEAS-75	4			20/80 L	2Y				
		大齿轮	自动	PSL1-1	8					5/40 cc	1S		
		车轮	自动	PSL1-1	32					5/160 cc	1S		
		油箱		TUHN-5	4			50/400 L	2Y				
		轴承	手动	PSL1-1	4	50/400 L	1Y						
	横行装置	制动机轴销	手动	GEAS-2	2	50 cc/100	3M						
		减速机	油浴	GEAS-4	2			16/32 L	2Y				
		齿轮接手	手动	GECO-2	8	0.7/5.6 L	6M						
		车轮轴承	自动	PSL1-1	8					5/40 cc	1S		
		涂油器箱	手动	TUHN-5	2	2/4 L	2M						
		侧轮轴承	自动	PSL1-1	4					5/20 cc	1S		
		油缓冲器	油浴	TUHN-5	4			15/60 L	10Y				
		加油泵	手动	PSL1-1	1	16 L	3M						

工厂名称	生产线名称	设备名称	工程名称
初轧厂	均热区	钳吊	夹钳箱和主卷动滑轮组解体检查修复

宝钢设备部中央机修

标准时	工种	
	钳工	6 人×36 小时
	起重	4 人×36 小时
	冷作	人×小时
	焊接	1 人×36 小时
		人×小时
设定年月日		1984 年 2 月 18 日
设定者		×××

改订年月日	改订者
1987 年 9 月 23 日	×××

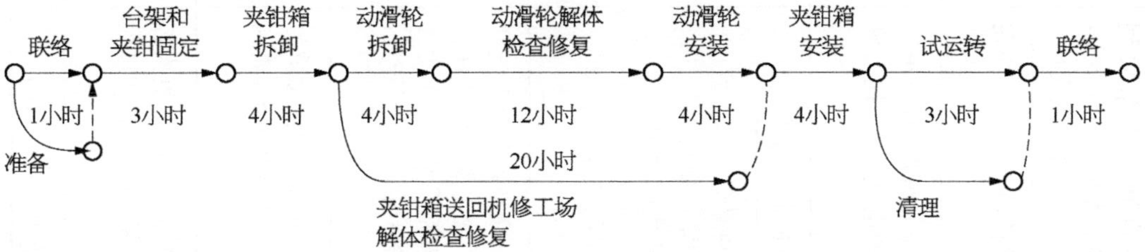

施工实时记录

年　月　日	施工班	实际工时

作业内容	技术标准	安全要点
(1) 夹钳箱拆卸解体检查和修复 (2) 动滑轮组解体检查和修复	(1) 夹钳箱热裂纹允许长 20 mm (2) 夹钳体热裂纹允许长 20 mm，深 2～10 mm (3) 各销子间隙允许 14～17 mm (4) 动滑轮槽底允许磨损 4.5 mm，轮缘允许磨损 2.4 mm	(1) 高空作业应特别注意安全，人员上下谨防跌倒，带好安全带，四周围上安全绳 (2) 台架和夹钳体固定必须可靠 (3) 零件拆装时，当心头手碰伤 (4) 开动各卷时，上下加强联系 (5) 吊放重物应谨慎操作

维修作业场所	有	无
1. 脚手架要否	√	
2. 室内作业有无		√
3. 有无缺氧的危险性		√
4. 作业的地面场所有无	√	
5. 要否使用起重机	√	

设备的运转特性	特性值

工器具等一览表

品名	规格型号	数量
专用台架	（包括槽钢）	1
钢绳	3/4,7/8,1/4	各 1
手拉葫芦	1 t,3 t,5 t	各 1
风动扳手 M42	冲击扳手 M42	各 1
跳板，安全围绳，草包，安全带，灭火机		
步话机，手电筒	紫铜棒	
钢丝钳，管子钳 600，松锈剂		
钳工，起重工和电焊工常用工器具		

图 3－14　维修作业标准（工时工序表）

表 3-8 维修作业标准(作业说明书)

项目	作业内容	作业者	技术、安全之要点
1. 准备	(1) 作业负责人向全体检修人员介绍作业顺序和安全要点	全员	钳工 A~F(6 人) 起重 G~J(4 人) 焊工 K(1 人)
	(2) 清点检查工器具和备品备件、注意规格、数量及有无损坏	B~K	
2. 作业联络	(1) 与点检员进行作业联络	A、点检员	提出作业联络票
	(2) 确认停机位置		
3. 台架和夹钳固定	(1) 把专用台架放稳定,四角用四根 3/4″钢绳及手拉葫芦把台架拉紧	A~J、操作人员、点检员	台架要固定牢,以防倾倒,四周要围上安全绳。开动各卷扬机构时上下要加强联系,密切配合。重物吊放时要谨慎操作,夹钳要可靠地固定住,以防倾倒。钳身如温度很高,可浇水冷却(但要适量)。由操作人员拉开电气开关箱,挂修理牌
	(2) 开动大车及小车走行机构,使夹钳正对专用台架上方。然后开动主卷,使夹钳下降开动开闭卷扬使夹钳开口度张大到 1 900 mm,最后使夹钳坐落在专用台架上,钳口可靠地固定位(钳口一定要放到底)		
	(3) 内齿轮箱的油堵和夹钳箱外面的螺塞应在同一角度位置上		
	(4) 与操作人员联络,拉开大车走行,小车走行,主卷扬及副卷扬的电气开关,挂上修理牌	A、操作人员	
4. 夹钳桌拆卸	(1) 打开内齿轮箱油堵,放掉里面的润滑油	A	施工人员爬上爬下一定要注意安全,带好安全带 注意不要碰坏油管、油嘴等(圆螺母如拆不下,应检查夹钳是否放到底) 抡大锤时要注意安全,也可利用风动扳手,螺栓材质。SCM3(相当于国内 35CrMo)要注意密切配合,谨慎操作
	(2) 卸下夹钳吊杆上部的圆螺帽 M155×6(先拆下键的紧固螺钉 M12×35 二只,拆掉键,然后再拆大园螺帽)	B~F	
	(3) 卸下夹箱和柱体之间的联结螺栓 26~M42×160	A~F	
	(4) 与操作人员联系,取下检修牌合上电气开关,开动主卷扬机构。使主卷筒收绳柱体升高至上极限位置。然后开动大小车走行机构,使柱体让开。然后再切断电气开关,挂上检修牌	A、操作人员	
5. 夹钳箱运回机修工场介体检查	(1) 利用 101#或 105#钳吊的副钩把总重为 18 t 的夹钳箱体从专用台架上吊出,放到卡车上运回机修工场	B~D、G~J	使用副钩起吊要密切配合,谨慎操作。卡车上要垫放枕木,夹钳箱要绑扎牢固。零件更换和修复由点检员确认
	(2) 夹钳箱在机修工场介体检查,清洗,更换必要的零部件,或进行修复。(具体拆装过程从略)	B~D、L、J	
	(3) 把修复后的夹钳箱送回扣初轧厂现场	B~D、G~J	

续　表

项目	作业内容	作业者	技术、安全之要点
6. 拆卸动滑轮组	(1) 与操作人员联络取检修牌，合上电气开关，开动大小车走行机构，使柱体回到专用台架处其位置要对准台架中心	A、操作人员	松开主卷钢绳前必须把柱体用 4 只 10 t 手拉葫芦，吊紧在台架上 施工场所狭窄，注意头手磕碰，谨慎作业爬上爬下，注意安全。注意不要把钢丝绳搞乱，不要碰坏油管、油嘴等
	(2) 检查主卷动滑轮组和其平衡梁的联结箱是否位于柱体下部窗口处可拆卸的位置，然后再切断电气开关，挂上检修牌		
	(3) 拆除主卷动滑轮组和平衡梁之间的联结销 Φ10×500 左右各一只。（先拆去联结销头部口的开口销 Φ10×30）	EF	
	(4) 主卷之左右动滑轮组各自从柱体下部窗口用手拉葫芦拉出。	GH EF	
7. 动滑轮组介体检查	动滑轮组在现场或运回机修工场进行介体检查清洗，更换必要的零部件或进行修复 （具体拆装过程从略）	GH EF	注意不要把主卷钢绳搞乱，钢绳不能有扭结和弯曲
8. 动滑轮组安装	(1) 用手拉葫芦把检查修复后的左右动滑轮组从柱体下部窗口吊入就位安装	GH EF	注意不要把主卷钢绳搞乱 钢绳不能有扭结和弯曲，销子装入前应检查有无毛刺，并涂上油脂
	(2) 装上动滑轮组和平衡梁之间的联结销 Φ100×500，左右各一个，装上联结销头部的开口销 Φ10×130		
	(3) 与操作人员联络，取检修牌合上电气开关，开动大小车走行机构，使柱体离开专用台架，然后再切断电气开关，挂上检修牌	A、操作人员	
9. 夹钳箱安装就位	(1) 利用 101# 或 105# 钳吊的付钩，把总重为 18 t 的夹钳箱体吊到专用台架上，夹钳开口度张大到 190 mm，钳口可靠地固定住	A～D、G～H、操作人员	使用付钩起吊要注意密切配合，谨慎操作，夹钳箱一定要可靠地固定住，防止倾倒
	(2) 与操作人员联络，取下检修牌，合上电气开关，开动大小车走行机构，使柱体对准夹钳箱	A、操作人员	用刷子或小刮刀操作，涂敷厚度约为 0.06～0.1 mm，注意涂的地方要连续，不能断开 注意主卷要点动，上下要密切配合好 抡大锤时要注意安全也可使用风动扳手，注意不要碰坏油管，油嘴等 JIS - K2219 GEAS - 5 油面高度为距离内齿圈端面 120 mm
	(3) 把夹钳箱上部结合面处揩拭干净，并涂上密封胶	A～F	
	(4) 与操作人员联络，开动主卷使柱体缓慢地下降，直到与夹钳箱合上。然后再切断电气开关，挂上检修牌	A、操作人员	
	(5) 装上 26 只 M42×160 联结螺栓，并进行紧固	A～F	
	(6) 装上夹钳吊杆上部之大圆螺母 M155×6 并装上止动键板及螺钉 2～M12×35	E～F	
	(7) 拧上内齿轮箱底之油堵，并由点检员往箱内注入 SP 型齿轮油 461	A、点检员	

续 表

项目	作业内容	作业者	技术、安全之要点
10. 试运转	(1) 与操作人员联络，取下修理牌，合上大小车走行，主卷和付卷的电气开关	A、操作人员	由 A 取下修理牌，由操作人员合上电气开关
	(2) 开动主卷、卷上柱体，使夹钳高出台架然后开动大小车传动机构，使夹钳离开专用台架	A、操作人员	
	(3) 与操作人员一起进行试运转	A、操作人员	确认立卷，夹钳箱各部动作正常
11. 整理	(1) 松开专用台架四角的 4 根 3/4 钢绳及手拉葫芦	B～K	
	(2) 利用 101＃或 105＃钳吊的付钩把专用台架送回施工前所在位置		
	(3) 整理工器具		
	(4) 整理清扫施工场地		
12. 联络	与点检员进行工事结束的联络	A、点检员	

注：A——班长，B～K——成员。不论哪个班组参与施工，均可共享同一份维修作业标准。

维修作业标准实质上是一份较为精炼、严密的设备检修施工组织计划，每个独立的检修项目均可通过网络图规定施工作业标准。从网络图（图 3－14）中可清晰地看出施工工序、人员、工时和关键线路，同时注明了安全和施工技术要求。

维修作业标准是检修责任单位进行施工的基准，是专职点检员确定检修工时、费用的依据。

维修作业标准制定中的难点是作业网络图。编制时首先要抓住施工中工期最长的工序项目，围绕主要工程量尽量采用平行作业，扩大施工面，以缩短工期。

通常，对于一般工程项目，只需制定工时工序表即可；而对于复杂工程项目，除了制定工时工序表外，尚需编写作业说明书。

作业说明书主要是用来详述设备拆装、检测和修复的工艺过程，明确每个施工者的分工；述明每一道主要工序的作业方法和技术措施、所需工器具和材料；述明需要预装的零部件和重要的机械部件的吊装方法及捆绑形式；述明挂牌交接及试运转方法；述明安全措施等。对难以理解的内容，有时还要用简图说明。

上述维修标准不是一成不变的，专职点检员可运用 PDCA 循环工作法根据维修效果随时修改完善。

各级设备的维修手段及对维修标准的要求见表 3－9。

表3-9 各级设备的维修手段及对维修标准的要求

设备级别	维修手段	要求的维修标准				
		维修技术标准	点检标准		给油脂标准	维修作业标准
			日常	定期		
A	客观状态监测维修	√	√	√	√	√
B	主观状态监测维修	√	√	√	√	√
C	事后维修	/	√	/	√	/

3.2.2.3 点检的分类

点检可分为常规点检和临时点检两大类。

1）常规点检

按点检周期与属性，分为日常点检、定期点检和精密点检。

(1) 日常点检。

由岗位操作人员或值班维修人员承担，点检周期一般在1周以内，其点检周期与点检内容相对固定。日常点检的目的在于保持设备的正常运转，点检内容以润滑、清洁、异响、松弛、泄漏、安全为主。

日常点检是最基本的检查，通常在设备运转前后或运转中，点检人员（指岗位操作人员或值班维修人员）靠自身感官对设备进行短时间的外观检查，及时发现各种异常现象，如振动、异响、发热、松弛、损伤、腐蚀、异味、泄漏等，以防止或避免设备在不正常状态下运行。

在日常点检分工上，岗位操作人员对在线设备主要是负责日常点检项目中的动作状态检查，即确认动作是否符合满足生产工艺要求，当然也离不开设备的外观检查。对离线设备如磨辊间、空压机房等的日常点检全是由岗位操作人员负责，值班维修人员只管生产作业线上的设备日常点检（运行点检）。

各种点检活动都是围绕着设备劣化早期发现为目标来开展的。点检人员若不把劣化的早期发现作为自己工作的主要目标，那就失去了点检的实际意义。早期发现设备劣化的主要手段是靠人的感官来了解设备运行状态，凭借丰富的实践经验摸索出一套设备运行状态中的各种症状。

可参考新日铁君津制铁所日常点检作业的业务流程（图3-15）。

(2) 定期点检。

定期点检是在设备尚未发生故障之前进行的点检，以尽早发现设备异常，将损失减少到最低限度。除依靠人体感官外，还使用简易的测量工具和仪器，有时还要进行停机解体检查。

定期点检的目的在于保持设备规定的功能和精度，故其点检内容侧重于功能与精度的检查。

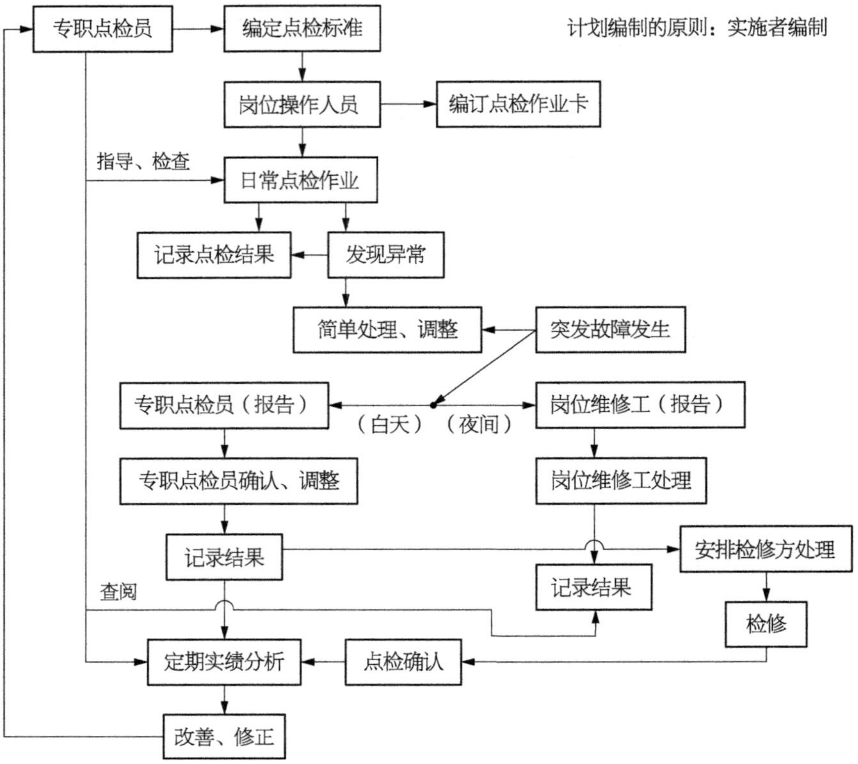

图 3-15　新日铁君津制铁所日常点检作业的业务流程

定期点检按照周期长短的不同，可分为短周期点检和长周期点检两大类(图 3-16)。

定期点检 {短周期(1 周及以上、1 个月及以下)——由专职点检员自己实施
长周期(3 个月及以上、3 年及以下，少量 1 个月)——由专职点检员组织实施}

图 3-16　定期点检的分类

① 短周期点检——A、B 类设备的重点部位(重点点检)

所谓短周期点检，其实质是专职点检员的日常点检。短周期点检计划表上所列的项目全由专职点检员负责，它是从点检作业角度设定的。

为预测设备工作情况，专职点检员靠自身感官或简单工具仪器对设备重点部位仔细地进行动、静态的外观检查，点检周期为 1～4 周。

短周期点检中还包括重合点检项目。重合点检是指专职点检员对岗位操作人员日常点检中的重点项目重合进行详细外观检查，用比较的方法确定设备内部工作状况，点检周期一般不超过 1 个月。

行车(天车)设备的点检与地面设备点检不一样，系月例点检。

补充内容：追踪点检(计划外)——前次点检已发现设备有异常，需加强点检，含当班岗

位操作人员或值班维修人员在点检中发现设备异常反馈给点检员确认(尤为夜班,点检员不在场),作为当日的重点点检项目;设备劣化倾向管理项目中,快要达到极限值的,需追加点检(即将原设定的点检周期缩短,以增加点检次数)。

由此可见,点检周期是一个变化值,应根据设备实际技术状态来确定。

② 长周期点检

为了解设备磨损情况和劣化倾向,对设备进行的详细检查,检查周期一般为 3 个月(也有 1 个月)及以上。

长周期点检主要包括两个方面: 在线解体检查——按规定的周期在生产线停机情况下进行全部或局部的解体,并对机体进行详细测量检查,以确定其磨损变形的程度;离线解体检查——对有计划地(或故障损坏时)更换下来的单体设备或分部设备、重要部件进行解体检查并修复,待日后作为备品而循环使用。

拓展阅读

推介日本新日铁君津制铁所的周期管理表,如图 3-17 所示

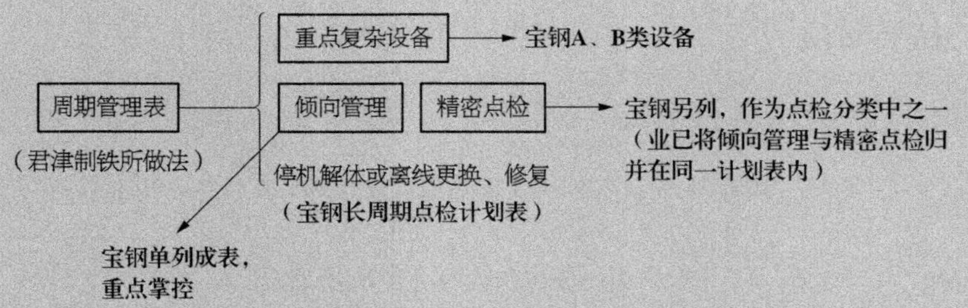

图 3-17 周期管理表

从上图中不难看出,君津制铁所的周期管理表不仅包含停机解体或离线更换、修复项目(相当于宝钢长周期点检计划表),还包含了设备劣化倾向管理和精密点检项目。

周期管理表是君津的特色,相当于(中)长期点检计划表——周期在 3 个月以上(也有 1 个月),多半为使用周期。

周期管理表的设定是从工程管理角度出发的,凡列入周期管理表内的项目多半需列入定(年)修中实施,作为定(年)、日修项目,均需委托检修部门或设备诊断部门承担。其主要内容包括: 解体检查;设备劣化倾向管理(磨损、振动、变形……)——测定由专业技术人员或检修人员负责(简易测振由点检员负责);油脂检化验——1 次/季(A 类: 1 次/2 个月,B 类: 1 次/4 个月);螺栓周期性紧固;密封件、衬板等周期性更换;轴承管理——由专职点检员自己负责。

(3) 精密点检。

一般由专职点检员提出，委托专业技术部门执行，点检周期根据有关规定和要求而定。

精密点检是指用精密仪器、仪表进行综合性测试检查，或在不解体的情况下运用精密诊断技术，即用特殊仪器、工具或特殊方法测定振动、应力、温升、电流、电压等物理量，通过对测得的数据进行分析比较，定量地确定设备的技术状况和劣化倾向程度，以判断其修理和调整的必要性。

精密点检多用于精密机械、电气设备等，如振动诊断、磨损诊断、油液清洁度和理化性能分析、红外线热成像、应力应变分析、液压系统分析、无损检测、电气试验（含高压继保、绝保试验）。

精密点检周期分为相对固定和不固定两类，前一类指的是设备劣化倾向管理项目（周期为月、年），后一类指的是设备隐患检查及故障诊断（系临时点检）。

劣化倾向管理项目中较多用上精密点检，如为控制初轧飞剪上、下曲轴磨损，设定测量周期 1 次/年；大型风机振动测量周期为 1 次/月。

精密点检计划表由专职点检员编制。

拓展阅读

某钢铁公司精密点检的主要内容

① 无损探伤——用于检测设备零部件的缺陷、裂纹等，其主要方法和特点见表 3-10：

表 3-10　无损探伤的主要方法和特点

序号	主要方法	适用范围	基本特点
1	染色探伤	表面缺陷	操作简单、方便
2	超声波探伤	表面或内部缺陷	速度快、平面型、缺陷灵敏度高
3	磁粉探伤	表面缺陷	仅适用于铁磁性材料
4	射线探伤	内部缺陷	直观、体积型、缺陷灵敏度高
5	涡流探伤	表面缺陷	适用于导体材料的构件

② 振动、噪音测定——主要用于高速回转机械的不平衡、轴心不对中、轴承磨损等的定期测定；

③ 铁谱、光谱分析——用于润滑油中的金属磨粉数量、大小、形状的定期测定分析；

④ 油液取样分析——用于润滑油、液压油、变压器油的劣化程度分析；

⑤ 应力、扭矩、扭振测试——用于传动轴、压力容器、起重机主梁等；

⑥ 表面不解体检测——使用专门技术与专门仪器检测一般工器具无法检测的部位；

⑦ 继保、绝保试验——用于变压器、电机、开关、电缆等周期性的保护试验；

⑧ 开关类试验——六氟化硫等开关的接触电阻值的测试；

⑨ 电气系统测试——有可控硅漏电测试、传动保护试验、传动系统接触脉冲及特性测试等；

⑩ 红外线热成像诊断——用于电气设备、工业炉窑等设备；

⑪ 液压系统(元件)检测、分析——用于液压、气动装置的压力、温度、流量和转速等的测定。

案例

精密点检在液压系统中的应用

据临汾钢厂热轧中板分厂液压点检员介绍，粗轧机区液压系统共有八个压紧油缸，使用周期已由 2007 年的 2 个月更换一次改为 2008 年的 3 个月更换一次。事实上，通常每次拆下来检查时，油缸并没有泄漏(指内泄漏)，应当说还可以继续使用，但由于无监测手段，为保险起见，只得更换，也就造成了过维修。每个压紧油缸价为 4 万元，一次同时更换 8 个，总价为 32 万元，过维修的同时也造成了不小的经济压力。

对于以上这类情况，推荐使用：HMG2020 手持测量仪，其主要用于测量机械设备的压力、温度、流量和转速等，且能与电脑联网，把测量结果曲线打印出来，该测量仪单价 10 万元左右；西德福牌 PPC06 测量仪，功能基本同 HMG2020，仅无曲线打印功能，该测量仪单价 5～6 万元左右。

精读

设备劣化倾向管理

倾向管理是定量管理的重要组成部分。它是随着时间的推移，对设备劣化的数据进行记录，并作统计分析、找出劣化规律、实行预知维修的一种管理方法。

为对主要生产设备(A、B 类)的重要部位实行有效的管理，通常将设备的劣化倾向管理项目单列成表进行管理。

为了把握对象设备的劣化倾向程度和减损量的变化趋势，必须对其故障参数进行观察，并对劣化的原因、部位进行分析，实行定期的劣化量测定，进行定量(数据)管理，以控制对象设备的劣化倾向，从而预知其使用寿命，最经济地进行维修。劣化倾向管理是防止突发故障的有效对策。通过对设备劣化倾向进行周期性检查和统计记录，预测最佳修理周期和更换周期，达到预知维修的目标，以减少突发故障，降低维修成本。

劣化倾向管理在实施方法上，大致如图 3－18 所示。

由图表进行预测，由管理达到预知：
- 确定目标—即选定倾向管理的对象设备和管理项目 } P
- 制定计划—设计编制倾向管理图表 } P
- 实施(D)与记录(C)—对测得的数据进行记录，并绘制倾向管理曲线图表
- 分析与对策(A)—进行统计分析，找出劣化规律，预测更换和修理周期，提出改进对策

图 3－18　劣化倾向管理实施方法

劣化倾向管理具体实施细则展述如下：

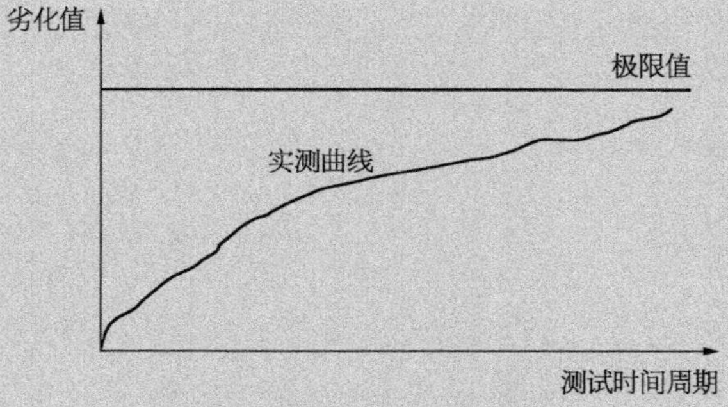

图 3－19　设备劣化倾向曲线

1）制作劣化倾向管理的检测曲线图，如图 3－19 所示。

图 3－19 表示某设备的劣化倾向曲线。图上横坐标代表测试时间周期，纵坐标代表设备测得的劣化值，劣化值连成的曲线称为劣化倾向曲线，与横坐标平行的一条劣化极限值代表该设备允许的最大劣化值，在设备维修技术标准中规定一旦达到这个劣化极限值，设备就要停止使用。

2）倾向管理所要具备的条件

(1) 选题。

①确定设备名及零部件名；②该设备及零部件作为倾向管理对象必要性分析；③确定所选定设备及零部件被测试的面或点及实施周期。

上述①、②两点可一并考虑。对于③，在选择点面时，首先应对设备有一个较为完整的认识，分析被测点面的代表性或劣化的控制部位，测试周期可按现场设备实际技术状态作修正后确定。例如，减速机用于重要设备上，则对其实施倾向管理时，一般选定其轴承、齿轮、油质为管理项目，而不将其外壳、轴等作为管理项目，这就是选题分析。另外对测试点或面的确定可用分析法或比较法来确定，如对管道的磨损，从图 3－20 中可以看出 A 点是所要确定的测量点，这是采用分析法所确定的。若初始无法

确定 A 点，则可选用 A、B、C 三点在实施中作一比较，最终还是能确定 A 点为测试的理想点。

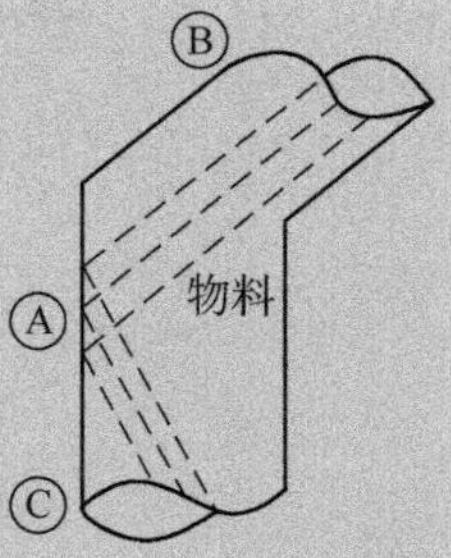

图 3－20　测试点的选定法

(2) 实施。

① 选择测试工器具或仪器，如量具、测振仪、测厚仪、专用测试工具等；

② 选定测试的时间，主要是选择被测设备在运转状态下测试，还是在静止状态下测试；

③ 作好测试的记录，由于受现场环境条件的限制，一般只是将测试的数据记录下来，为作台账提供实绩资料；

④ 建立图表台账，把现场所测试的实绩数据纳入曲线图表中，并作详细的登录，必要时另作文字说明。

(3) 检查修正。

各类设备或零部件经过一定时间实施后，需作一些检查和修正，如测试的周期是否需延长或缩短，对测试点或面是否需要变更，对设备或零部件的劣化极限值是否需要修正等，以反映现场设备实际技术状态和防止设备的突发故障。

3) 倾向管理的主要内容

在现场主要有三大类。

(1) 回转体的振动测定。

现场在振动测定上使用较普遍的是回转体轴承，其数值目前有两种表示法——位移、加速度。前者较普遍，两者间的数值可相互换算(主要由测试工具所决定)，其测试选择点大致如图 3－21 所示。

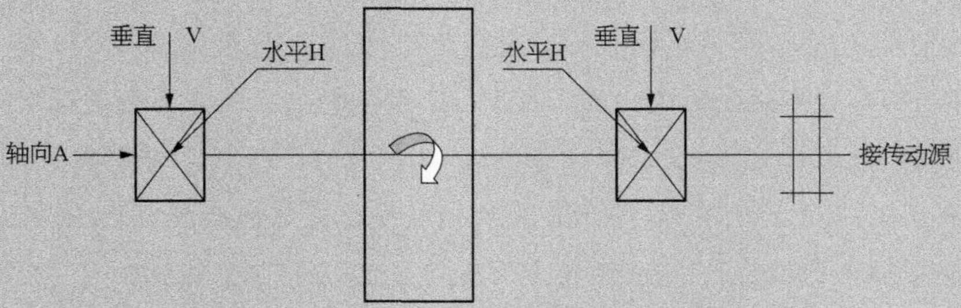

图 3－21　回转体振动测定法

(2) 设备本体或零部件磨损量的测定。

对设备本体或零部件磨损量的测定，通常在图表中反映为实测数据(不标定为磨损量)，这主要是出于方便和直观，测量数据用 mm 表示，如图 3－22 所示。

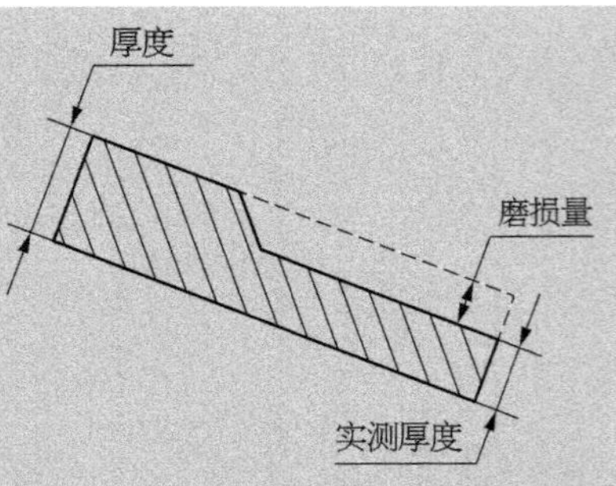

图 3-22 设备本体或零部件磨损量测定法

（3）中、大型设备润滑油液的化学分析。

对传动件润滑油液的化学分析，一般采取定期取样分析，分析的内容分为两类：常规分析——其内容主要是对润滑油液的酸碱度、粘度、杂质含量、水分含量是否超出质量标准；铁谱或光谱的化学分析——主要是针对被润滑的设备在相对运动中是否属正常磨损。

以上两种化学分析，在倾向管理中所要求的目的是截然不同的。

设备劣化倾向管理项目常见案例：

（1）振动类案例。

宝钢 1 号高炉 3B 送风机按照规定，每月需测定其轴承座振动值。通常，轴承座的测定要从轴向 A、水平 H 和垂直 V 三个方向进行测定，如图 3-23 所示，并作好记录，绘制劣化趋势图进行分析、判断。从图中不难看出，经一年来的运行，尽管 3 条曲线均稍有波动，设备仍还处于受控状态。

（2）磨损类案例。

宝钢初轧飞剪上、下曲轴按照规定，每年需安排一次轴颈磨损量测量。图 3-24 中展示的是下曲轴自 1987 年至 1993 年期间的每年累计磨损量，从曲线变化情况来看，这七年中基本上还处于可控状态，无突变现象，直至第七年测得数据为 −1.31 mm，距离极限值 −1.50 mm 已很接近，为安全起见，宜将其更换。

（3）变形类案例

通常，对于大型行车如宝钢炼钢单元 450 t 行车、码头卸船机等起吊用的钢丝绳，为了安全起见，将其纳入设备劣化倾向管理对象范围内。宝钢初轧 104 钳式吊车主卷钢丝绳按照规定，每月须用游标卡尺测量其直径，视其因受力拉伸后塑性变形而产生的减径量有否超过所设定的极限值。图 3-25 所示的仅在一年内便更换了两根钢丝绳。这里需要注意的是：在更换第 2 根之前，从 8 月份所测得的钢丝绳直径已达极限值 27.9 mm，得益于发现及时，若稍再滞后钢丝绳便有可能产生断裂，其后果不堪设想。设备劣化倾向管理项目所设定的点检周期系动态的，可依据钢丝绳实际塑性变形量的变动情况随时修正其原设定的点检周期。本案例中根据所测得的 6 月、7 月两个月份数据分析判断，在一个月内塑性变形量为 0.3 mm，按其劣化趋势离极限值 27.9 mm仅相差 0.4 mm，为了安全起见，作为专职点检员就应将点检周期适当进行调整，可由原设定的 1 个月缩短为半个月，这样就可避免危险情况的发生。

振动测定记录表

设备编号	264111—E03	设备名称	3B 送风机	测定周期	1个月	极限值	30 μm	测定人	

测点	方向 \ 年 月 日																				
	月	5	6	7	8	9	10	11	12	1	2	3	4	5	6	7	8	9	10	11	12
	日	28	28	28	28	26	26	29	29	29	17	26	26	26	26	31	31	31	31		
1	H	–	–	–	1	1	1	1.5	1.5	1.8	1	1	1	1	1	1	1	1.5	2		
	V	–	–	–	1	1.5	1.5	1.5	2.5	2.2	1.2	1.1	2	2	2	2	2	1.8	1.5		
	A	–	–	–	1	1	0.6	1	1.5	1.5	1.1	1.1	1	1	1	1.5	1	1.8	1		
2	X																				
	Y																				
	Z																				
3	X																				
	Y																				
	Z																				
4	X																				
	Y																				
	Z																				
5	X																				
	Y																				
	Z																				

示意图

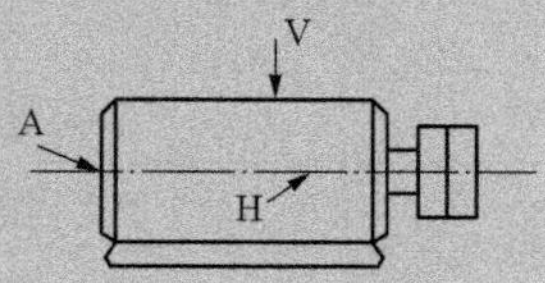

记　事

倾 向 管 理 表	设备编号	264111—B03	倾向管理项目	电动机振动	测定周期	1个月	使用仪表	国产振动仪	说明	H——水平 V——垂直 A——轴向
	设备名称	3B送风机	测试点	H, V, A	极限值	20 μm	组长签字			

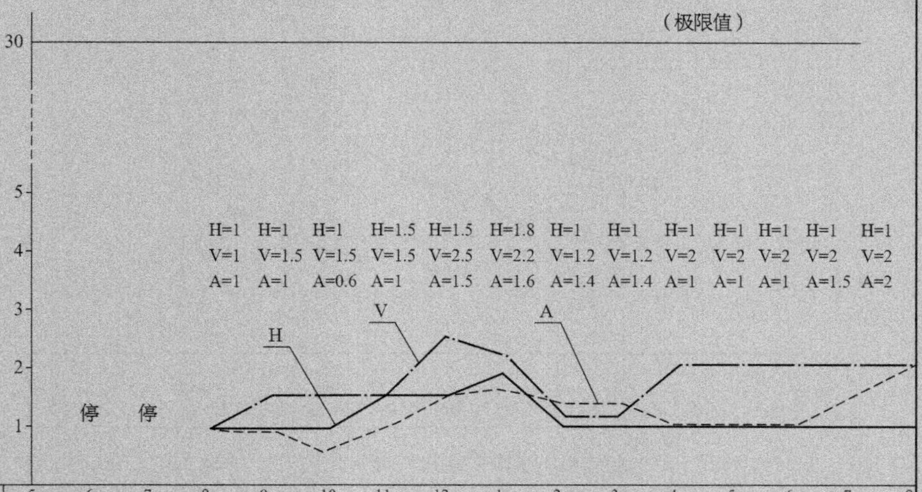

制表	日期	5	6	7	8	9	10	11	12	1	2	3	4	5	6	7	8
	测定值																
		88								89							

图 3-23　高炉 3B 送风机劣化倾向管理图

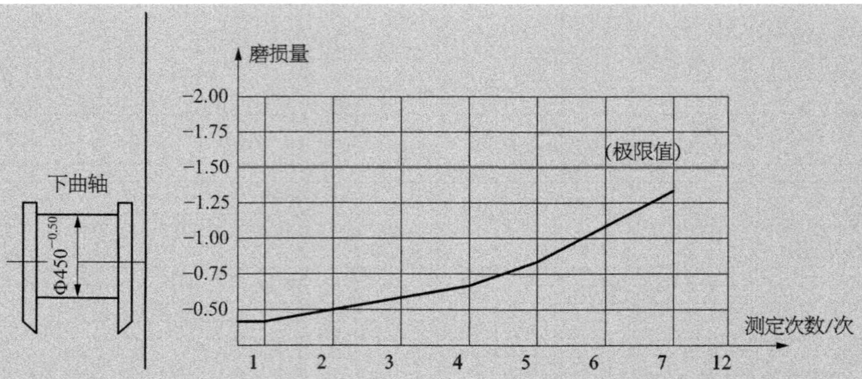

飞剪上、下曲轴磨损倾向管理表									主要参数	
次数 数值 时间	1	2	3	4	5	6	7	8	标准值	-0.50
87.10.29	-0.48								极限值	-1.50
88.11.8		-0.50							测定周期	1年
89.11.25			-0.53						测量工具	千分尺
90.11.17				-0.68						
91.11.12					-0.84					
92.11.20						-1.12				
93.11.16							-1.31			

图 3-24　初轧飞剪上、下曲轴劣化倾向管理图(单位：mm)

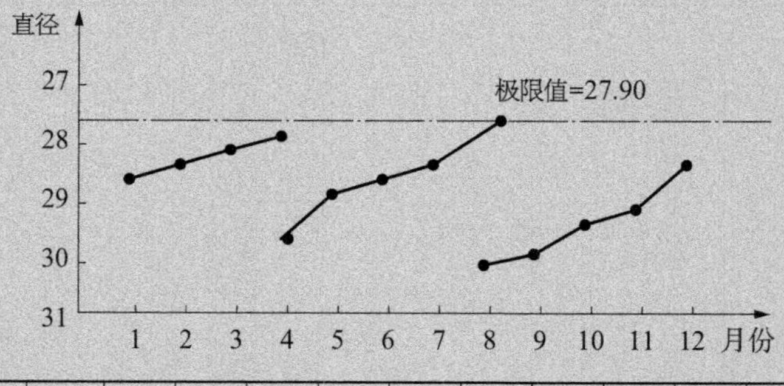

月份	1	2	3	4	5	6	7	8	9	10	11	12
直径	28.48	28.40	28.20	29.70	29.10	28.60	28.30	27.90	30.20	29.70	29.10	28.50

图 3-25　初轧 104 钳吊主卷钢丝绳劣化倾向管理图(单位：mm)

设备零部件磨损分为正常磨损和异常磨损。对于正常磨损，要推测零部件更换(或修复)时间和备品备件提供时间；对于异常磨损，要提出分析意见如改善操作、改进设备结构、改善修复、改进材质等。设备零部件磨损状况如何判定，如图 3-26 所示。

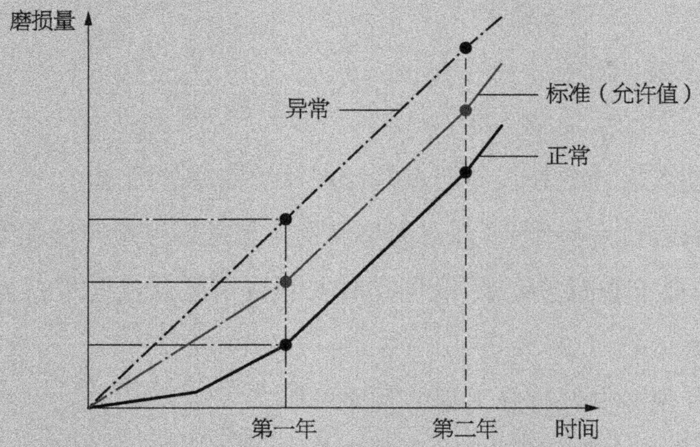

图 3－26　零部件磨损状况判定图

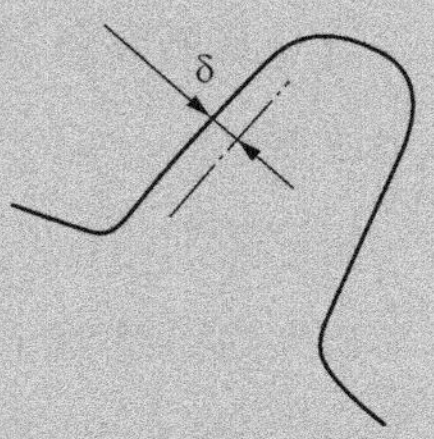

图 3－27　齿轮磨损量示意图

设备劣化倾向管理系定量管理。例如减速箱的齿轮传动，到了规定时间周期须测定一次齿厚磨损量，如图 3－27 所示。

通常结合减速箱解体检查规定每年测定一次，倾向记录均以数据表明，如：第一年测得 $\delta=0.1$ mm，第二年 $\delta=0.25$ mm，以此类推。通过数据分析，判断齿轮磨损状况是否在正常范围内。而良否记录仅用文字表明，主要把缺陷、隐患、故障征兆记录下来。

倾向记录应归由点检组管理。其记录来源一方面是通过检修人员测得；另一方面可通过专业技术人员获取。

精密点检与劣化倾向管理两者关系：

精密点检主要是通过应用精密检测手段来精准确定设备劣化和磨损的实际程度，所测得的数据经劣化倾向管理统计、分析后，从中掌握设备的劣化趋势，以达预知维修。若不开展劣化倾向管理，精密点检就失去了意义（除临时故障诊断外）；若无精密点检，也就不可能全面开展劣化倾向管理（除个别场合采用简易诊断仪器外）。两者相辅相成，缺一不可。

开展精密点检、劣化倾向管理是深化、提高点检管理水平的一个重要方面。

2）临时点检

当发现设备有疑点时，对设备进行的解体检查或精密点检（异常诊断的诊断结果不一定是故障）。

综上所述，点检工作分别由生产部门的岗位操作人员和设备部门的专职点检员以及值班维修人员承担。由岗位操作人员进行的点检称为操作点检，由设备专职点检、值班维修人员进行的点检统称为专业点检。

3.2.2.4 专职点检员的主要职责

专职点检员的主要职责有：

(1) 制定点检标准和给油脂标准。

(2) 编制短周期点检计划和长周期点检计划及给油脂管理表。

(3) 按计划认真进行点检作业，并对岗位操作人员进行点检维修业务的指导、督促和检查，每天查看点检作业卡和有关记录，有问题时要查明情况并及时进行处理，问题及处理经过都要进行信息记录。

(4) 编制维修计划并做好检修工程的管理工作。

(5) 根据维修计划和备件预期使用计划的需要，编制维修资材（含备件、工程材料）的需用计划。

(6) 根据点检结果和维修的需要，编制维修费用（年、季、月）预算计划。

(7) 搜集设备状态情报，进行设备劣化倾向管理，参与精密点检，定量分析，掌握机件的劣化程度。

(8) 参加事故（故障）分析处理，提出修复、预防措施。

(9) 提供维修记录，进行有关事故（故障）、检修、费用等方面的实绩分析，提出改善管理、改善设备的建议。

专职点检员是管理者。点检制的精髓是管理职能重心下移，即把对设备维修管理的职能按区域分工的原则落实到专职点检员，实行“七事一贯制”管理。

拓展阅读

七事一贯制（由日本新日铁君津制铁所提供）

点检工作的“七事一贯制”是指针对专职点检员分管的主作业线设备的责任制度，“七事”是指：①对管辖的设备，按计划认真地实施点检、检查；②汇集点检、检查后的实情进行整理、分析和判断；③按实情分轻、重、缓、急编制维修计划；④准备好图纸资料、资材，提供给修复用；⑤检修工程的委托、管理，作好现场说明；⑥组织检修的安全联络、确认，试车验收；⑦实绩记录、分析，账表统计、信息反馈。专职点检员在实施点检业务中，必须要认真做好实绩记录工作，这是进行维修实绩分析的原始依据。记录应看成是维修的基础，即必须把设备运行中所发生的每一个问题详细地记录下来，方能做出有效的改进措施。

作为专职点检员，务必把握设备维修管理的全过程（即点检管理业务的两个PDCA）。要对所管辖区域内的设备制定出点检标准，要到现场去点检、检查，发现设备上的问题，要进行分析并制定修复方案，按照问题的轻、重、缓、急来确定委托的顺序，在项目得到受理后，由点检方准备委托检修时所需用的物品，包括工时工序表、图纸、资材，负责到现场进行要检修项目的说明和项目交底，交代安全注意事项及项目完工后的验收条件等。管理的重点是主作业线设备。

另外，作为专职点检员务必做到“一盯”“二关”“三跟”“心到”“眼到”“手到”。一盯——紧盯设备技术状态，动态调整点检周期；二关——关注产品质量、关注备件质量；三跟——跟踪设备故障和异常，跟踪检修过程；心到——用心去关注、维护设备；眼到——重视细节，不放过任何设备异常；手到——一旦发现设备异常，需及时进行处理。总之，必须提高专职点检员发现和解决设备异常问题的能力。

1）专职点检员如何安排每日工作

专职点检员每日工作日程安排见表 3－11。

表 3－11　专职点检员每日工作日程安排表

早会	现场检修施工管理 ▲（日、定、年修及紧急故障处理）				
0.5小时 (8:00—8:30)	2.5小时 (8:30—11:00)	1小时 (11:00—12:00)	0.5小时 (12:00—12:30)	3.5小时 (12:30—16:00)	0.5小时 （16:00—16:30）
生产日报 • 产量 • 质量 • 设备	• 按点检计划实施点检检查 • 了解生产操作方与值班维修方情况	• 搜集设备状态信息 • 交流——发现现场问题的商讨（如何处理）	午餐、休息	• 点检软件台账管理 • 自主管理活动 • 与点检业务有关的工作	填写点检工作日志
作业区域点检组布置工作	点检检查表 生产操作记录 值班维修记录 按点检路线点检 ▲(1) 重点点检项目 (2) 劣化倾向管理项目 ▲(3) 异常追踪点检 (4) 异常处理 (5) 日修工程（检修过程的跟踪管理）			○点检○备件 ○检修○故障 （信息汇集、分析、对策、实施） 点检软件台账 → 修理履历表 定、日修预定表 劣化倾向管理表 给油脂管理表 故障记录表 备件计划表 工程材料表 维修费用预算表 标准、计划的修订 设备改善方案的制定 图纸、资料管理 其他	
	与生产操作方、值班维修方、检修方联络（包括维修业务指导）				

注：

(1) 定(年)修日及现场紧急(突发)故障发生时，按定(年)修实施流程及故障急、抢修流程进行作业，但专职点检员必须及时调整好当日正常的点检计划实施项目。

(2) 重点点检项目——往往是点检检查表(当日)中未列，而是当班生产操作人员、值班维修人员反映的设备问题；异常追踪点检——前次点检已发现设备有异常，需加强点检。

(3) 设备劣化倾向管理项目中，有的快要达到极限，需追加点检。

在此必须强调的是专职点检员系属管理方，是设备维修的一个新的工种，在所建立的设备点检管理制度中明确述明：其目的不是搞检修，而是搞管理，所以点检制也叫做管理方制度。归结起来，其管理内容包括标准、计划、资材(备件、工程材料、特殊专用工器具)、故障、工程、费用、图纸等内容。

专职点检员一日正常点检作业内容：

(1) 早会。由点检作业长或组长传达上级指令及作业区设备状况，布置当日工作重点，做到信息及时上通下达。

(2) 向生产操作方，值班维修人员了解前日中、夜班设备运转状态信息，专职点检员在查阅生产、运行作业日志后必须签名，并对提出的设备问题经现场确认、处理后要予以回复。

(3) 按点检路线图进行点检作业，具体内容分为以下几种。

① 按短周期点检计划表(1 周～1 个月，重合点检项目也有<1 周)项目内容进行点检；

② 根据长周期点检计划表(3 个月～3 年，也有 1 个月的)项目，安排在日、定(年)修中检查(即解体检查项目)；

③ 根据倾向、精密点检计划表项目，安排在设备运行或停机时检查；

④ 对经常发生故障的部位进行跟踪点检、检查；

⑤ 对生产操作人员、值班维修人员在日常点检中所发现的设备问题进行诊断检查(再确认——追踪点检，列为当日重点点检项目)；

⑥ 对前日或晚间检修或抢修过的某一设备部位作重点点检、检查；

⑦ 对点检实施过程中所发现的设备问题应及时组织进行处理。

(4) 对上午现场点检所发现的较为严重的设备问题，会同点检组长或作业长及有关专业技术人员进行研究分析，尽快制定出合理的处理方案。

(5) 进行点检软件台账管理(下午)：①点检账表管理；②编制维修计划；③维修备件、工程材料管理；④设备改造、改善项目方案的研讨；⑤确认当日施工委托项目的完成情况；⑥对第二天施工委托项目的现场说明及调整；⑦填写点检工作日志；⑧其他。

(6) 常用点检账表填写，要点如下。

① 点检日志——每日的工作内容记录。主要是填写专职点检员一天的主要工作，包括正常点检作业、检修日的管理、紧急故障处理情况等。其内容扼要：记录当天按点检检查表进行点检后发现设备劣化记录及处理对策；填写当日日修、定修所管理的主要检修内容、抢修内容及工时记录等；记录当日或前日(点检员下班后至零点)的故障情况；记录当日主要备件、工程材料修复、消耗情况及检修工程中各项消耗。

② 点检记录——记录在点检中发现的设备缺陷、隐患，以及采取些什么措施，什么时候完成的，效果如何。可填写在点检检查表和点检日志上。

③ 事故与故障记录——设备事故(故障)部位、内容、原因和修复对策记录。可填写在事故报告表、故障记录表上。

④ 检修工程记录(或修理履历记录)——检修日期(委托和完成日期)、检修内容、修理结果、工时实绩和施工单位(施工者)等记录。可填写在设备修理履历表上。

⑤ 劣化倾向检查记录——劣化倾向检查的数据、图表整理等记录。基本上是一个项目一张表，进行定期测试，并绘制出管理曲线与极限值相对比。

⑥ 备件、工程材料消耗记录——实际消耗备件、工程材料的名称、数量、价格等记录(月统计表)。

(7) 点检员的业务比重。

点检员的工作基本上是半天现场设备点检，半天从事点检台账管理等工作。其业务比重大致为：现场点检和检修工程实施管理，占50%；做各种点检台账，整理各类记录数据，编制各类计划，占30%；联络和协调各部门工作，占15%；提高技能和进行自主管理等，占5%。

2) 点检工器具标准

上岗专职点检员携带点检工器具的标准见表3-12。

表3-12　专职点检员点检工器具携带标准

职务	应携带工器具	职务	应携带工器具	职务	应携带工器具
机械点检员	便携式简易诊断仪(测振仪) 听音棒 手电筒 点检锤 扳手 螺丝刀	电气点检员	听音棒 手电筒 点检锤 螺丝刀 试电笔 扳手 尖嘴钳	仪表点检员	电笔 万用表(小号) 螺丝刀 扳手 手电筒 尖嘴钳
液压专业(附加)	手持式液压测量仪 点温计(红外线测温计)				

3) 专职点检员的管理目标

专职点检员应以管理目标为己任，并通过自身的管理业务体系来实现。如图3-28所示。

3.2.2.5　如何掌控设备技术状态

专职点检员是其所分管点检区域设备技术状态的直接管理者和责任者。

1) 设备技术状态信息的搜集

专职点检员经现场点检作业和填写点检结果后，应对设备劣化倾向有所了解，对设备

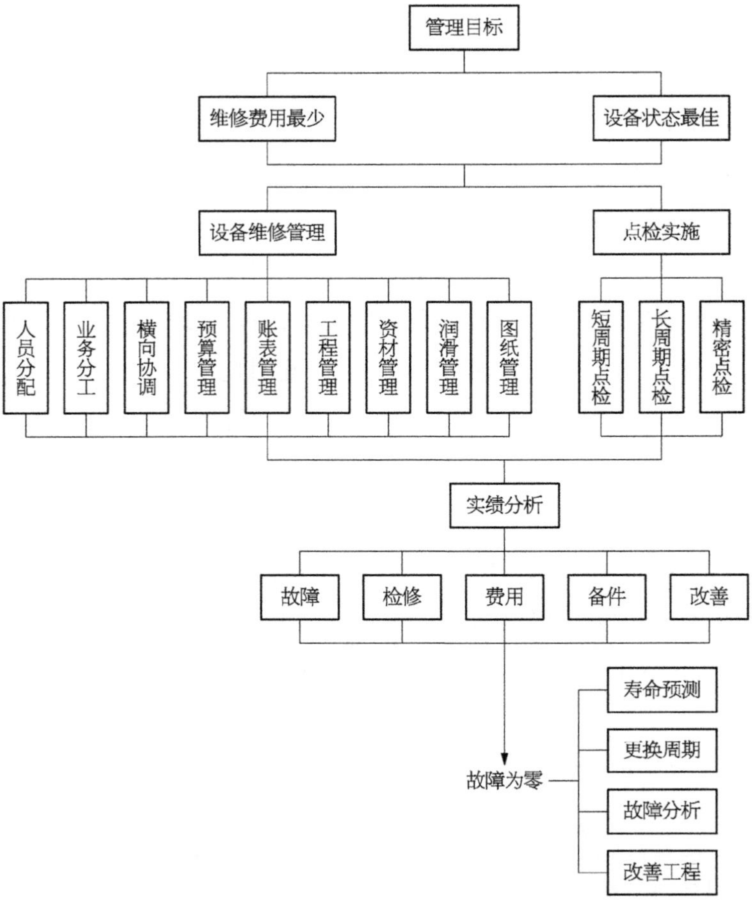

图 3-28　专职点检员的管理业务体系图

的运行状态进行分析处理，并搜集各方有关的设备技术状态信息，通常是搜集生产操作人员和值班维修人员提供的设备日常点检信息。因为生产操作人员每日与设备在一起，最清楚设备的情况，而值班维修人员在中、夜班和节假日期间负责设备运行点检，最清楚设备的故障、急抢修情况，故专职点检员应每日主动搜集、查阅他们的点检结果和设备异常情况。

另外还需要搜集设备故障信息。设备发生故障是设备劣化最典型的反映，要通过故障分析查找出原因，采取对策，以防重复故障的发生。搜集在定（年）修中委托施工部门进行的设备检查结果，以分析其设备技术状况。

最后还需要搜集委托专业技术部门测试和精密诊断的结果记录，以及搜集在线状态监测的诊断信息。

2）对所搜集的信息进行分析处理，对设备技术状态进行识别判断

专职点检员要凭自己的经验和熟练技能，从许多信息中提炼出最敏感最直观的关键性信息和数据，并借助于维修技术标准（表 3-2）、设备技术状态评定标准（表 3-13）来判断设

表 3－13　设备技术状态评定表

序号	项目	有效	失效	失效状态标准
1	对生产有无影响	无影响	有影响	1. 因设备原因，使产量低于设计能力 5% 2. 因设备原因，影响主要品种一项 3. 因设备原因，使产品质量不合格率超过规定的 5%
2	设备运行参数，如功率、压力、速度、振动、温度是否超过规定	符合	不符合	1. 设备输出能力低于额定值 2. 温度、压力、速度等参数与出厂规定标准或公司设备技术部门核定标准不符 3. 设备振动值与维修技术标准规定不符
3	有无威胁设备、人身安全或影响主要零部件性能的隐患缺陷	无	有	1. 安全装置或自动控制装置失灵 2. 主要零部件脱焊、裂纹、严重腐蚀 3. 设备不加油、油路堵塞、油质不净超过规定标准或油品不符或存在严重跑、冒、滴、漏现象
4	对设备有重要影响的外部工作条件是否正常	正常	不正常	1. 长期不清扫、不点检，设备积渣、积料、积氧化铁皮严重 2. 环境不适宜设备运行，如温度、湿度、含尘量、气体腐蚀等不符合规定
5	主要能源消耗指标是否超过规定	未超过	已超过	超过规定值 10%以上
6	主要零部件磨损是否超过规定	未超过	已超过	超过设备维修技术标准规定的极限值
7	设备主要零部件的使用寿命	符合要求	明显缩短	因零部件质量或维修、操作不当引起的零部件实际使用寿命低于正常寿命的 50%

备的技术状态，即判定该设备要否维修。

3.2.2.6　设备诊断技术

设备诊断技术是从事一般或精密点检工作必须掌握的一门技术，其目的是掌握设备是否正常、异常原因及其部位、寿命剩余。

通常，设备状态处于正常、异常和故障三种情况，而设备状态诊断可分为良否诊断和故障诊断两大类，如图 3－29 所示。

设备状态诊断
- (未发生故障)良否诊断——查清设备有否异常(缺陷、隐患、故障征兆)及原因，多半为简易诊断(一般点检)
- (已发生故障)故障诊断——查清故障部位、类型、原因，多半为精密诊断(精密点检)

图 3－29　设备状态诊断图

设备状态监测是设备诊断技术的具体实施，是一种掌握设备动态特性的检查技术，它包括了各种主要的非破坏性检查技术。设备诊断技术的基本内容：振动和噪音；油液；裂纹；磨损；钢丝绳；力和应力；泄漏；红外线热成像；电网质量；高压供电系统；高压电动机绝缘劣化；电缆；电气控制系统；其他类。

设备状态监测是实施设备状态维修的基础，状态维修根据设备检查与状态监测结果，确定设备的维修方法。设备技术状态是否正常，有无异常征兆或故障出现，可根据监测所取得的设备动态参数如温度、振动、应力等和缺陷状况，与标准状态进行对照加以鉴别。

表 3－14 列出了判断设备技术状态的一般标准。

设备诊断技术的构成如图 3－30 所示。从图中可以看出，点检员在现场所从事的设备点检，其实质也是在进行诊断（简易诊断）。

表 3－14 判断设备技术状态的一般标准

设备状态	部件			设备性能
	应力	性能	缺陷状态	
正常	在允许值内	满足规定	微小缺陷	满足规定
异常	超过允许值	部分降低	缺陷扩大（如噪音、振动增大）	接近规定、一部分降低
故障	达到极限值	达不到规定	破损	达不到规定 （或加工出不合格品）

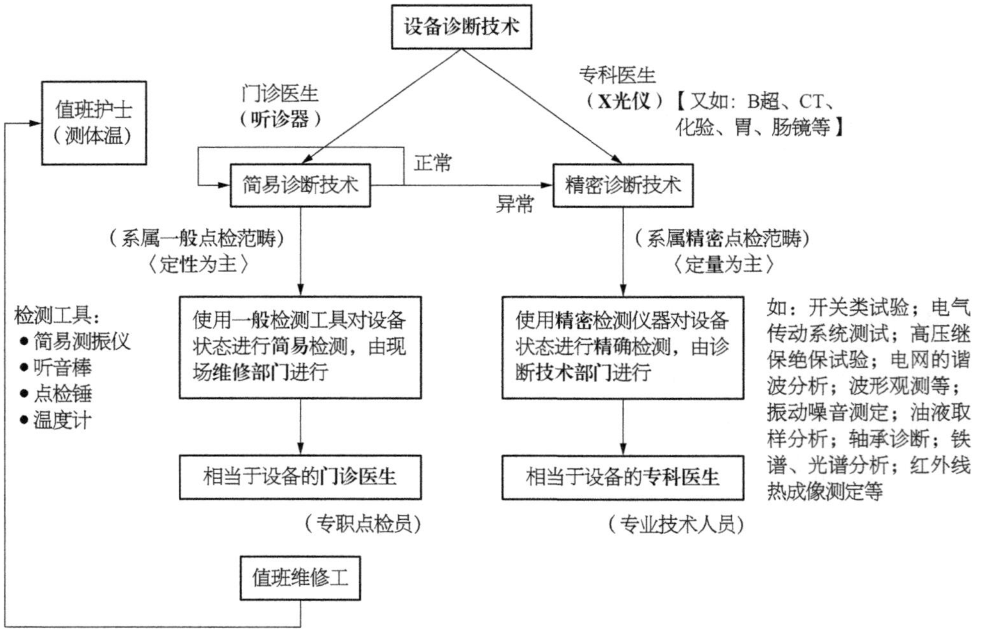

图 3－30 设备诊断技术的构成

注：（1）简易诊断属于一般点检，精密诊断属于精密点检；
（2）听诊器对应于设备简易诊断，X 光仪对应于设备精密诊断；
（3）专科医生诊断的结果应返回给门诊医生，同样，设备精密诊断结果亦由专业技术人员返回给专职点检员负责处理。

设备诊断的分类及实施见表 3－15。

表 3－15　设备诊断的分类及实施一览表

序号	诊断类别	实施方	管理方	诊断手段	实施方式	适用对象设备
1	日常点检	生产操作工值班维修工	专职点检员	人的“五感”、简单工器具	依据日常点检作业卡所设定的点检周期	所有设备(A、B、C类)
2	简易诊断	专职点检员	专职点检员	一般检测工具、仪表 (如：测量振动、温度等)	依据短周期计划所设定的点检周期	普通作业线 A、B 类设备，主作业线上的设备
3	精密诊断	专业技术人员	专职点检员	专用精密检测仪器、仪表或特殊仪器、工具和方法	依据精密点检计划所设定的点检周期	主作业线上的 A、B 类设备，主要动力设备，直接影响产品质量的设备
4	在线诊断	专业技术人员	专职点检员	开发和应用计算机网络化的在线设备监测技术	实时或周期	主作业线上的 A、B 类设备，测试条件困难的设备
5	离线诊断	专业技术人员 检修人员	专职点检员	专用精密检测仪器	依据长周期计划所设定的点检周期	A、B 类设备法定检验设备
6	远程诊断	专业技术人员	专职点检员	对连续运行的单条或多条机组，采用先进设备诊断仪器进行在线遥控监测	实时或周期	安装在线并已联网的设备
7	异常(或故障)诊断	专业技术人员	专职点检员	专用精密监测仪器或专家会诊	临时点检(非计划性)	异常(或故障)设备(A、B类)

综上，推广应用设备诊断技术，可归纳出五大优势：①专业技术人员(或专职点检员)应用精密(或简易)测试仪器进行点检(诊断)，由定性变为定量，提高点检的科学性；②按状态维修，延长设备机件使用寿命；③确定故障的部位，提高维修的针对性；④通过设备劣化倾向管理，预测更换件的使用寿命，确保备件计划命中率；⑤减少过维修。

3.2.2.7　点检计划管理

点检计划管理乃是点检员主要职责之一。

首先，点检员依据所编制的点检标准，按点检周期与属性制定点检计划，共分为日常点检、定期点检、精密点检三大类，所制定的点检计划应充分体现计划实施的适时性和有效性。编制点检计划主要是为均衡点检作业工作量，即应对管辖区域内所需的点检项目(分一般点检、解体检查、精密点检)进行汇总和综合平衡，编排出每日点检作业工作量，避免点检项目的遗漏，并应根据设备实际技术情况，及时修正、完善点检计划。

然后，点检员根据点检计划来制定点检作业计划。点检作业计划分为：①日点检作业卡（每天需点检的部位，由岗位操作人员、值班维修人员分别负责）；②周点检作业卡（每周需点检的部位，由岗位操作人员、值班维修人员分别负责）；③月度点检作业计划（分一般点检、解体检查、精密点检）；④季度点检作业计划（分一般点检、解体检查、精密点检）；⑤年度点检作业计划（分一般点检、解体检查、精密点检）。

制定顺序：首先应制定年度点检作业计划，根据已制定的年度作业计划考虑到具体条件和作业量的平衡，安排出每月的作业工作量。例如初轧机的压下装置需安排解体检查，点检部门事先应做好安排，经与生产部门协商后确定在某月份实施。制定季度点检作业计划时可在年度作业计划基础上进行适当调整，在季度作业计划基础上经平衡调整后制定出月度点检作业计划。在月度点检作业计划基础上，制定出专职点检员每周需实施的周点检作业计划（含重合点检项目）。

当制定点检作业计划时，点检作业的日程管理则需根据设备的重要度、定（年）修计划、点检作业工作量、设备受控点技术状态、施工人员数等做出均衡安排，首先应确保关键、重要设备的资源提供。

此外，专职点检员在制定定期点检作业计划时，原设定点检周期不是一成不变的，系动态管理，即可按设备的受控点的实际技术状态随时调整其点检周期（包括设备劣化倾向管理项目的周期）。

3.2.2.8 设备给油脂管理

设备给油脂管理乃是专职点检员的一项重要业务，必须高度重视，一旦加错油后患无穷，对于机械设备尤甚。

1）制定给油脂标准

依据维修技术标准制定出给油脂标准。

所谓给油脂标准是规定设备给油脂部位、给油脂周期、方法、分工、油脂的品种、规格、数量及检验周期（表 3－16）。该项标准由专职点检员负责编制，并根据此标准制定出“给油脂管理表”（表 3－17），作为对设备进行更换油脂或补油等的依据，各生产操作人员、值班维修人员（或值班运行工）根据此给油脂标准来制定给油脂作业卡，分为月润滑作业和班润滑作业（表 3－18、表 3－19）。

2）给油脂分工

设备的给油脂工作：①为保持设备在正常润滑状态下运行，必须加强给油脂管理工作，凡需润滑的设备都必须严格执行给油脂标准；②凡人工或手动注油的设备，由生产操作人员按规定进行注油，难以承担时可由值班维修人员按规定进行注油，或由专职点检员进行

表 3 - 16　给油脂标准表

设备名	2#初轧机	装置名	

设备名称	装置名称	给油脂部位	润滑方式	油脂牌号	润滑点数	给油脂标准		更换标准		分工		
						量	周期	量	周期	操作	运行	检修
2#初轧机	驱动装置	上下接轴轧机侧油包	GE	OMALA460	2			140 L	1 个月			○
		下接轴平衡弹簧箱	GE	PELI - 2	2			10 kg	6 个月			○
		轴向调整链接手	GE	PELI - 2	2			50 kg	3 个月			○
		轴承	CA	PELI - 2	49	245 g	1/3 小时			4 * 给脂		
		接轴滑块	CL	GEAS - 5	14	330 L/min	连续			2 * 给脂		
	推床	传动减速机	CL	GEAS - 5	28	20 L/min	连续			2 * 给脂		
		传动齿接手	GE	GCCS - 1	14			5 kg	4 个月		○	
		齿条箱	CL	GEAS - 5	48	30 L/min	连续			3 * 给脂		
		托轮	CA	PELI - 2	24	28.8 g	1 小时			3 * 给脂		
		翻钢减速机	OB	GEAS - 5	1			200 L			○	
		翻钢机齿接手	GE	GCCS - 1	2	0.5 kg	1 个月				○	
		抱闸销轴	GG	PELI - 2	6	0.1 kg	3 个月				○	
		冷却水旋转接头	GG	PELI - 2	8	0.1 kg	1 个月				○	
		导向轮	CA	PELI - 2	20	24 g	1 小时			3 * 给脂		
		翻钢长轴	CA	PELI - 2	10	25 g	20 小时			3 * 给脂		

表 3-17 给油脂管理表

M. E. I 通用 编号：CSB0801

编制：(9) 审核：(10) 修改码：A

设备名称	部件名称	润滑方式	油脂牌号	周期	代号	年	(6) 年度												年度												年度												备注
						月	1	2	3	4	5	6	7	8	9	10	11	12	1	2	3	4	5	6	7	8	9	10	11	12	1	2	3	4	5	6	7	8	9	10	11	12	
(1)	(2)	(3)	(4)	(5)		计划									(7)																												
						实绩									(8)																												
						计划																																					
						实绩																																					
						计划																																					
						实绩																																					
						计划																																					
						实绩																																					
						计划																																					
						实绩																																					
						计划																																					
						实绩																																					
						计划																																					
						实绩																																					
						计划																																					
						实绩																																					
						计划																																					
						实绩																																					

表3-18　月润滑作业表

月润滑作业表							单元名称：										区域名称：										责任者：　甲班　乙班　丙班　丁班															
序号	设备编号	设备名称	润滑部位	油脂牌号	周期（天）		润滑分工				年　月份																															异常记录
					加油	换油	甲	乙	丙	丁	1	2	3	4	5	6	7	8	9	10	11	12	13	14	15	16	17	18	19	20	21	22	23	24	25	26	27	28	29	30	31	

注：每月一表，周期在1天以上的给油脂内容列入此表

表 3-19　班润滑作业表

<table>
<tr><td colspan="6">班润滑作业表</td><td colspan="10">单元名称：</td><td colspan="10">区域名称：</td><td colspan="9">甲班　乙班　丙班　丁班
责任者：</td></tr>
<tr><td rowspan="3">序号</td><td rowspan="3">设备编号</td><td rowspan="3">设备名称</td><td rowspan="3">润滑部位</td><td rowspan="3">油脂牌号</td><td rowspan="3">加油周期</td><td colspan="28">年　月　第　周</td><td rowspan="3">异常记录</td></tr>
<tr><td colspan="4">星期一</td><td colspan="4">星期二</td><td colspan="4">星期三</td><td colspan="4">星期四</td><td colspan="4">星期五</td><td colspan="4">星期六</td><td colspan="4">星期日</td></tr>
<tr><td>甲</td><td>乙</td><td>丙</td><td>丁</td><td>甲</td><td>乙</td><td>丙</td><td>丁</td><td>甲</td><td>乙</td><td>丙</td><td>丁</td><td>甲</td><td>乙</td><td>丙</td><td>丁</td><td>甲</td><td>乙</td><td>丙</td><td>丁</td><td>甲</td><td>乙</td><td>丙</td><td>丁</td><td>甲</td><td>乙</td><td>丙</td><td>丁</td></tr>
<tr><td></td><td></td><td></td><td></td><td></td><td></td><td></td><td></td><td></td><td></td><td></td><td></td><td></td><td></td><td></td><td></td><td></td><td></td><td></td><td></td><td></td><td></td><td></td><td></td><td></td><td></td><td></td><td></td><td></td><td></td><td></td><td></td><td></td><td></td><td></td></tr>
</table>

特殊、昂贵油脂加注；③凡自动注油或一次性注油的设备，由专职点检员委托检修人员按计划定期补加油或更换油脂；④点检中发现有漏油时要及时处理；⑤要严格进行油质管理，防止杂物混入，使用的油脂必须有合格证，不允许弄错牌号，加油器具要妥善管理，保持清洁；⑥不能因加油的部位加注困难或无法加注就不加，必须通过改善维修予以解决。

给油脂分工在维修业务分工上有明确规定，见第1章图1-7维修业务分工图中所列。

现就给油脂中补加油具体分工法作一说明：①离线设备全部由生产方承担；②需在特定条件下实施的，也应由生产方加油；③所有手动泵由生产方承担；④凡用油枪注入的全由生产方承担。

点检方负责按计划供油给生产方，按规定设存放点定期派员检查，察看存油情况。虽然点检方不补加油(除特殊昂贵的油品)，但要负责管理。凡主作业线不停机不能实施的给油脂点，应安排在定修时实施(点检作业区内可专设润滑专业人员，负责编制给油脂管理表)，在定修前要确立好加油条件，由专职点检员委托检修部门实施。

3.2.2.9　设备故障管理

对于如同宝钢这样一个现代化钢铁联合企业，主要生产作业线上一旦有一个环节出问题，就将会造成全线停产。设备发生故障后不但修复费用高而且减产损失甚大。因此，加强设备故障管理，防止和减少设备故障的发生对完成产量、品种、降低成本具有十分重要的意义。

设备故障一般按其发展过程可分为两类，一是突发性故障，这类故障是随机性的，与设备使用时间无关，通常无明显先兆，不可能早期预测；二是渐发性故障，这类故障是在生产作业中逐步形成，与设备使用有关，一般有明显先兆，能通过测试手段来早期预测，若能采取有效对策是可以控制其发生的。

对于专职点检员来讲，加强故障管理的目的，就是要对设备故障进行统计与分析，找出故障发生的原因，从管理上、技术上采取对策，防止或减少设备故障的发生，从而提高企业的经济效益。专职点检员通过对故障数据的统计、分析，从中可以测算出自己所管辖区域内各类设备的故障频率、平均故障间隔期，分析单台设备的故障动态，重复的故障的原因，找出故障的发生规律。对复现频率高的故障，务必进行重点研究，采取改善维修对策以减少故障的发生。

总之，对于设备故障的发生，只要做好事前分析、诊断，采取必要的预防性措施，就能从根本上防止故障，尤其是突发性故障的发生。

当一个故障发生后，我们往往会听到这样的辩解：这个故障叫我怎么去预防，我也没有办法！有时，主管人员从心里也会认同专职点检员的这个观点，在对上一级领导解释时也会持同样的看法，这种态度显然是不对的。针对设备故障，首先要在专职点检员中统一认识：每个故障的发生都不是偶然的，都有其内在原因，都可以采取措施避免再次发生。例如,2009 年宝钢冷轧厂 2030 机组曾发生过一次由外方原设计问题引发的故障——托辊断裂,其原因是原设计的托辊辊芯强度太低,长期冲击后造成疲劳断裂。若该故障第一次发生,可将其判定为是原设计问题造成的,只要分析出原因并采取有效措施,就能避免日后故障重复发生。在该次故障中,分析得出托辊断裂的原因是辊芯强度太低,将辊芯改为强度较高的钢质辊芯后,故障就不再发生。

据不完全统计,新发生的故障中 80%以上均是重复故障,因此对于以前所发生的故障,我们务必要加以细致分析,这样有助于我们及时采取措施,避免故障再次发生。分析时应注意几点：必须全面分析;要求相关作业区全体人员参加;针对每个故障必须当场制定具体措施;形成会议纪要,定期检查。

全面分析是针对近年来(通常为两年)的故障进行逐个分析,让每个故障的责任者或了解情况者分析故障的原因,并亲自制定改进措施,然后由作业区参加人员共同研讨,落实时间节点。这样做的目的有两个,一是专职点检员是设备的保健医生,最清楚该设备的特性,其制定的措施最具针对性,也最有效;二是自己制定的措施,落实起来更能发挥主观能动性,执行力也会更强。

此外,还应进行月度故障分析和年度故障分析。故障分析是一个典型的 PDCA 工作循环过程。凭借以往的经验,一般故障分析的周期定为一个月较为合适,即在本月初分析上个月的故障。对已经发生的故障,要检查一下原先制定的措施有否落实,还需要补充哪些措施,等等。通过检查与分析,使设备始终处于受控状态。针对因尚未落实原定措施而发生的故障,要分析其原因。若是因为所定周期等客观因素造成无停机机会而未落实的,可以酌情谅解;若是因为点检工作疏忽而造成措施未落实的,则要给予相应惩罚,以强化执行力。

年度故障分析在每年年末进行,是针对全年的设备故障情况做出全面分析和总结,并根据全年的总体实绩和个人实绩制定下一年的目标。目标值不能随意制定,一般按照当年连续 3 个月实绩的平均值作为下一年度的故障指标值。这样做有利于强化目标管理,并通过将指标分给每个专职点检员,使每个人心里都建立目标管理的理念。如果作业区内把故障停机时间只设一个总目标,而不把指标分到每个专职点检员,就会造成目标、责任不清。

在设备故障管理上,要重视三个环节：

1) 设备故障与异常的区别

故障——设备停止运行之后,需进行应急处理、调整或修复,方能恢复运行。

异常——设备停止运行之后,尽管性能已有所降低,但仍可开动继续生产,或者尚未查明性能下降的原因,再启动时又能继续生产运行。

2) 设备故障管理三要素

设备故障管理三要素为：实绩统计、原因分析、对策研究。

(1) 实绩统计：针对某一条生产作业线、某一机组、某一台设备。

实绩统计的方法有三种。

① 设备故障时间、次数统计

通过设备故障时间的统计，以便直观地了解统计对象的故障发展趋势，并与过去同一段时间的比较，以反映出设备一个较长时间内运行状态变化趋向。

次数统计反映的是设备故障发生的频繁程度。

② 设备吨钢故障时间统计

该统计表示的是设备实际作业率与故障时间关联量，这种统计方法更能反映设备故障与产量关系，即：产量(万 t)、故障(小时)→××小时/万 t。该统计方法一般适用于主要设备(A、B类设备)。

③ 按专业对故障实施分类统计

即揭示某一时间段内不同专业间故障比例的变化规律，如图 3-31 所示。

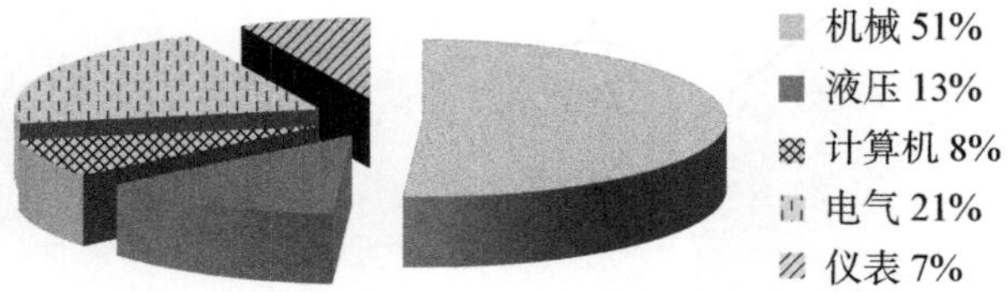

图 3-31 不同专业故障比例

(2) 原因分析：按故障发生原因进行归纳。

对造成设备故障的直接起因进行归类统计，能为专职点检员提供明确的管理方向。为便于分类，原因统一归为八种：违章作业故障；点检维护不周造成的故障；检修质量故障；备件质量故障；设备失修故障；润滑不良故障；生产工艺事故造成的故障；其他故障。

(3) 对策研究：制定有效对策，使故障消除，达到设备稳定运行之目的。

预防对策研究可归纳为两个方面：一是针对构成故障的八个方面，制定、完善相关的制度、各种作业标准、工艺卡片等，从源头上减少故障发生的概率；二是研究设备故障发生的规律，用设备故障管理理论如故障树分析、MTBF 分析法等来推进故障管理工作，以提高设备运行效率，降低设备维修成本。

3) 故障时间管理

以往国内传统观念认为有些事故如断轧辊、高炉泥炮堵塞纯属生产操作事故，设备管理口不进行统计，而由生产口统计。但若不将生产方故障统计在内，其故障管理是做不好的。在总体故障目标管理上为"零"，统计时加在一起，便可强化故障管理意识，在时间概念上达成共识，在故障时间统计管理时可捆在一起，报原冶金部时可扣除这部分时间。

3.2.2.10　维修备件管理

在设定维修备件管理方式时，应把维修备件管理与维修管理统成一体，它是设备维修管理不可分割的重要组成部分。维修备件管理主要是备件信息的管理而非采购的管理，侧重于计划、存储两个环节，着眼点应在如何方便于点检员。

1）维修备件管理业务概述

维修备件管理业务相关部门关系如图 3－32 所示。

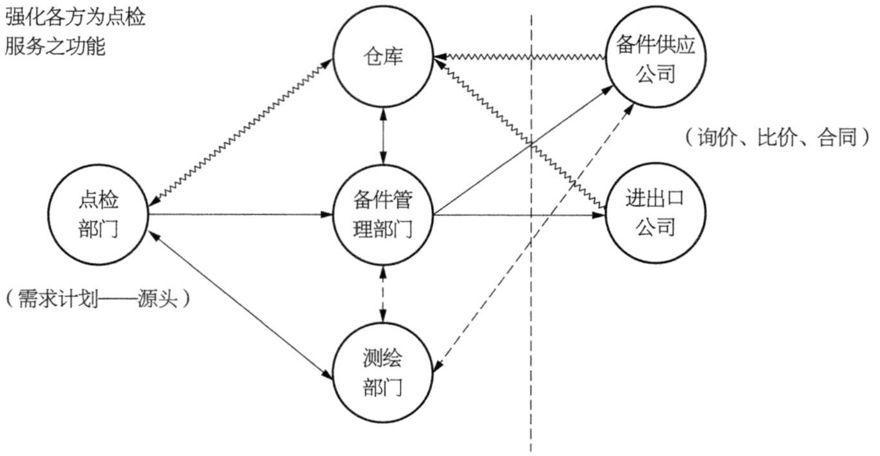

图 3－32　维修备件管理业务相关部门关系图

注：图上直实线代表实物的流向

现对图 3－32 作一解读：

（1）需求计划。

备件需求计划分别来自于仓库管理员和专职点检员。

对于常用件由仓库管理员按缺少的量提出需求计划，经由公司设备主管部门下属的备件管理部门所确定的消耗定额与消耗实绩相比较，确定订购量；对于计划件、事故件、准计划件则由各设备单位的专职点检员根据设备实际技术状况提出请购申请计划，即填写备件预期使用计划表和请购委托单。

（2）计划审核。

专职点检员提出的请购申请计划应经各设备单位下属的设备管理部门备件组及部门主管审核后报送公司设备主管部门下属的备件管理部门，备件管理部门审核及确认后，请购计划（请购委托单）送至订货部门。

国内申购备件若无设计图纸，需专职点检员先委托测绘部门测绘，若能测绘，把测绘图纸交给专职点检员；若不能测绘，把信息返回专职点检员，点检员在提出国内订单时要附注上委托制造厂家测绘、制造。

(3) 采购。

备件采购分别由国际贸易公司(进口备件)和备件供应公司(国产备件)承担,其负责审核受理后的询价、比价。供货单位选定原则：先内后外,向备件联合研制中心成员单位倾斜。

在落实制造或供货单位后进行合同管理。

备件到货后,国际贸易公司/备件供应公司应备上入库单、装箱单,并送货到库。

(4) 检测。

由仓库进行开箱前处理,随后进行箱件交接确认,接着制定开箱计划、备件卡片。然后由检测部门进行备件开箱检验,检测部门开箱检验并记录检测结果。凡有问题的备件须开具问题联络单,并与国际贸易公司/备件供应公司联系处理。检验合格后开具主付联络单,对直付备件进行入库处理和出库处理,由使用单位开具直付领用单。

(5) 库存管理。

仓库保管员开具入库单,进行入库、上架,搞好备件台账管理,对备件进行库存维护。

(6) 领用。

备件入库后,仓库保管员首先应将信息传输给专职点检员,点检员可随时询问备件订货情况及备件入库情况。点检员需要领用备件时,可填写备件领用单,通知仓库准备或直接持领用单领货,仓库凭领用单取出实物发货,并填写出库单。

2) 点检部门的业务与职责

参与备件基础数据文件的编制和修订;编制备件预期使用计划;备件年度计划和紧急备件请购单生成;对机旁备件和修复件进行管理;备件领用单生成,备件到货数量、质量确认和反馈;现场备件测绘计划安排与支撑;做好备件费用和消耗实绩统计分析工作,严控备件总资金额度不超标;备件国产化申报。

综上所述,点检部门在维修备件管理中处于极其重要的地位。

3.2.2.11　维修成本控制

降低维修成本是专职点检员的职责。

公司依据年度各种产品的订单或合同,统计出本年度各条产品生产线的负荷量,并根据每单位产品所含的维修费确定出公司全年维修费的额度,下达到相应产品生产线的点检作业区,由点检作业长掌控全年维修费,实行月预算、月执行、月分析,统筹安排维修费的使用,既要保质保量按期地完成本年度的生产任务和检修任务,又要确保不能突破维修费用额度。至于这些维修费究竟如何使用,则全权由负责该条产品生产作业线的点检作业长来安排。

专职点检员如何实施维修成本的执行管理：

1）实绩跟踪

专职点检员作为维修成本的责任者，应按作业区分解下来的指标进行核算并控制管理。专职点检员每月要搜集开出的检修工程委托单、备件、材料领用单及其他单据进行登录并统计当月实绩，与目标管理值相对照，进行数据分析，找出差距。各种单据的收集流程如图 3-33 所示。

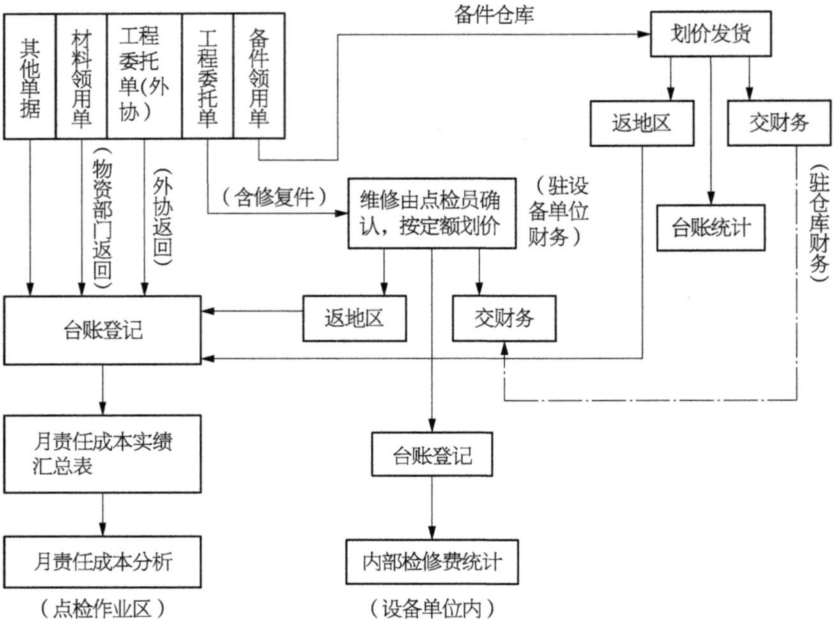

图 3-33　各种单据收集流程

2）实绩确认、审核

各设备单位及专业归口部门应定期组织各点检作业区召开维修费用实绩分析会（系维修管理实绩分析会内容之一），对当月维修费的使用进行分析、确认及审核，并提出改进措施。

3.2.2.12　维修实绩管理

专职点检员务必做好设备维修实绩管理工作，主要包括以下两方面工作：月维修实绩分析；检修工程实绩管理。

1）月维修实绩分析

专职点检员在实施点检业务中，必须要认真做好实绩记录工作，这是进行维修实绩分析的原始依据。

每月定期召开点检作业区维修实绩分析会，会前各专职点检员针对自己所管辖区域的设备技术状况提供有关资料，并提出下月点检管理目标。点检实绩管理的主要内容有：当月工作概况；下月主要工作；主作业线故障统计、分析；主要故障（事故）、主要设备异常与处理对策；检修工程实绩；主要检修工程项目；维修费用实绩；吨钢维修费用；需要专门汇报的较为突出的问题。

维修实绩是设备运行状态的信息资料，它包括实绩内容和实绩分析两部分。

(1) 实绩内容。

包括：设备异常记录；设备有效、失效状态统计记录；故障（或事故）记录；设备劣化倾向记录；维修计划和维修记录；维修费用实绩记录。

(2) 实绩分析。

包括：点检效果分析（到位率、有效率）；功能、精度实绩分析；设备有效、失效分析；故障分析；日、定（年）修计划实施情况分析；维修费用分析。

2) 检修工程实绩管理

检修工程实绩管理是检修管理业务中不可缺少的组成部分，是实行检修工程管理过程控制（PDCA）中的重要环节。其主要记录施工准备、安全确认、施工等阶段中出现的问题及解决方法，检修过程中测定、记录的数据，试运转的内容等，通过汇总、整理、综合分析等实绩管理，不断总结、积累经验和数据资料，作为完善检修工程管理模式、提升定修模型水准与管理效率的参考依据。

通过实绩管理，可以同时促使检修部门不断改进，提高检修技能和管理水平，避免检修质量和安全事故，提高检修效率。

(1) 实绩来源。

检修工程实绩数据来源于检修部门施工班组信息反馈、专职点检员检修过程的跟踪结果、定（年）修总结会上点检方、检修方、生产方三方整理汇总和综合研讨的数据资料、设备管理部门和维修技术部门的分析及综合积累实绩数据资料等。

(2) 实绩统计。

工程委托单：记录实际施工人工数（同时记入检修工程计划表和点检日志中）、施工中所发现的异常情况及需要注意的特记事项，并在整理、确认、装订及由点检作业区统一汇总后，交由设备管理部门保存。

实绩记录：项目实施时间、人工、备件更换等，目的是通过实绩数据的分析，作为修正定修模型、定修计划及点检周期的依据。

系统录入：项目完成时间、内容、数量、人工、发现问题与处置方法等，系统自动将其转入设备修理履历内。

实绩分析：检修工程项目完成后应立即对检修工程实绩组织进行分析（包括月、季、年度均应进行分析总结）。

注意事项：项目施工完毕，检修部门的施工班组必须将修理或检查记录和检修工程委托单(检修实绩联)交专职点检员；检修部门的施工班组应按工程委托单上的委托要求及内容，做好检修记录(含修理记录和检查记录)。

设备点检业务流程如图 3-34 所示。

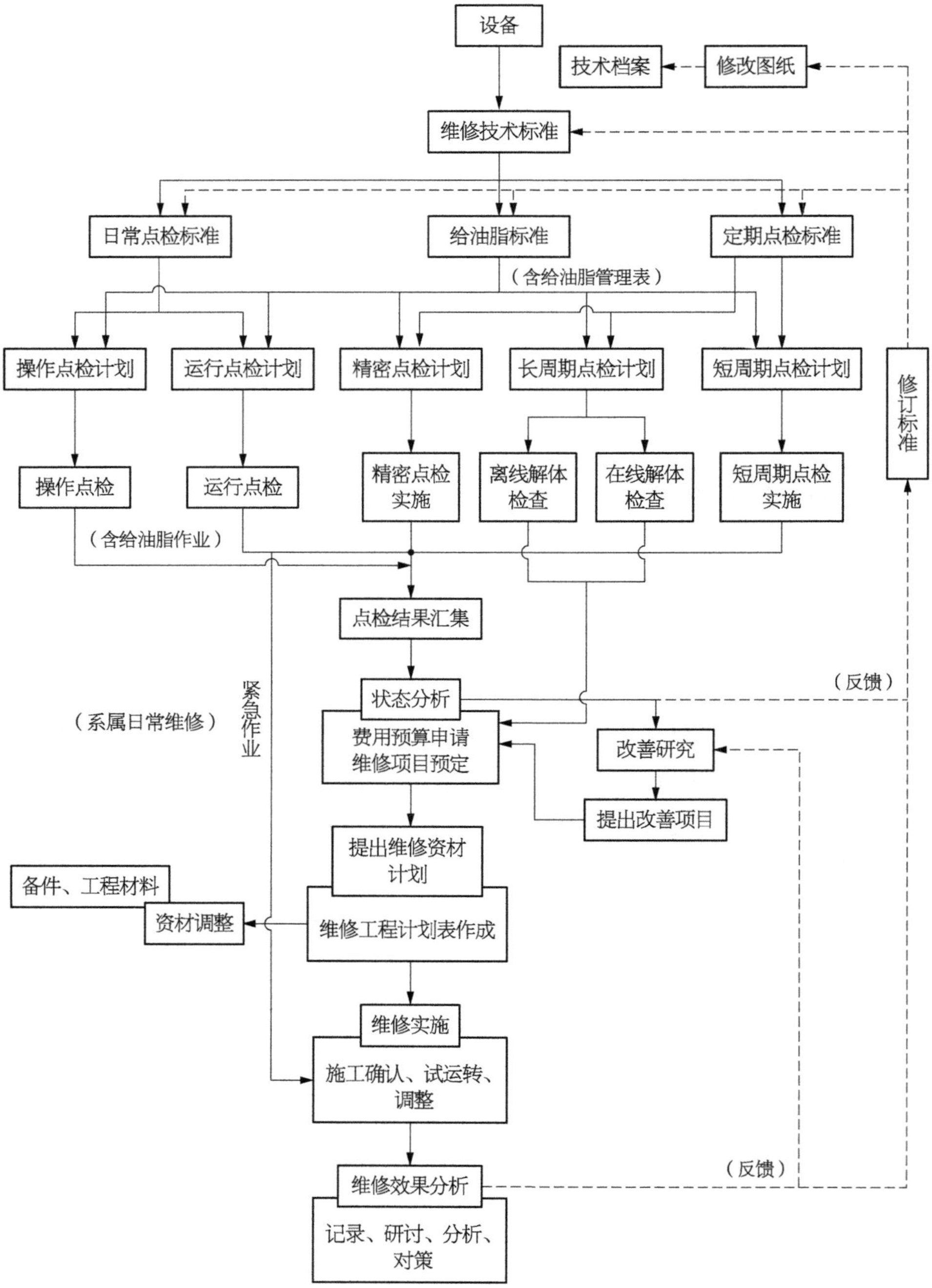

图 3-34 设备点检业务流程

通常，点检制与巡检制很容易混淆，但实际上它们是两个完全不同的概念，前者注重管理，后者注重检修。两者的区别见表 3 - 20。

表 3 - 20　点检制与巡检制的区别

点　检　制	巡　检　制
是一项有关设备工作的基本责任制度。通过点检和诊断掌握设备损坏的周期规律，其点检、检查结果，作为制定维修计划的主要依据	只是规定值班维修人员的一种检查方法其检查结果，仅供编制维修计划时参考
除值班维修人员外，还必须有生产操作人员参加日常点检，专职点检员进行定期点检，实行全员维修管理	只有值班维修人员参加巡检
设有专职点检员，不仅进行定期点检，并按设备分区段进行管理，即具有管理职能(如制定维修计划、掌握设备动态、分析事故、提出维修资材计划等)，并按其责任给予相应的权力。同时，做到定区段、定人、定设备	参加巡检的人员不固定，且不具有管理职能
建立一套科学的标准、账卡和制度，以及点检业务流程，点检路线和点检部位、项目、内容、周期、方法等规定明确，点检记录完整，所有工作程序均已标准化	按巡检路线进行粗略的检查，缺乏检查内容，也无一套完整的检查用标准、账卡和明确的检查业务流程，仅填写一般的检查记录
在点检的同时，把设备劣化倾向管理和诊断技术结合起来，对有磨损、变形、腐蚀等减损量的点，根据维修技术标准的要求，进行劣化倾向的定量化管理，以测定其劣化程度，达到预知维修的目的	无明确的判定标准，其实质是一种不定量的运转管理
实行三级点检：日常点检、定期点检、精密点检	只是实行一级的当班检查
必须建立一个合理的维修组织机构，原则上必须把点检方与检修方分开	修检合一(值班维修人员隶属检修部门)

第 4 章

定修及定修制

定修管理应看作是点检管理业务的延伸，在整个管理过程中也有个 PDCA 工作循环，也是由点检方作为主角，它系属检修工程管理范畴。

点检制已经为实现预防性维修解决了设备在什么时候维修、需要什么样的维修这些问题，但要确保设备能及时正确地得到维修，还需要建立定修制，即要建立与其相适应的一套管理方法——定修管理，也就是根据设备点检实施时所提供的设备技术状态情报，把公司下属各设备单位（各生产厂/部）的定期检修加以组织、综合调整，按标准化程序对检修工程实行管理。

对此，定修管理是实现状态维修不可缺少的环节，是现代化生产设备实现维修的最佳方式。

4.1 定修

4.1.1 定(年)、日修概念的引入及检修分工

4.1.1.1 主作业线及主作业线设备

主作业线全名为主要生产工艺流程作业线。我们把生产作业线划分为两大类，即主作业线、普通作业线。

凡停机后对全公司生产计划（主产品）的完成有影响的称为主作业线，其上的设备称为主作业线设备。主作业线是生产的生命线，只要主作业线上任一环节发生故障便会全线停产，从而直接影响企业主产品的生产。因此，确保主作业线设备的开动是每个设备工作者（含岗位操作人员）的应尽职责。

停机后并不影响生产计划（主产品）完成的生产作业线称为普通作业线，其设备称为普通作业线设备，如原料设备、运输设备及各主作业线以外的辅助设备。

4.1.1.2 定(年)、日修及检修分工

由于我们把所有生产作业线设备分为两大类，这就引出了定(年)、日修这一新的概念。

1）定修——在主作业线停产条件下进行的计划检修

定修也可以理解为定期的系统性检修，是对主作业线上的设备在物料协调和能源平衡的前提下所实行的短时间停产检修。定修日期是固定的，每次定修时间一般不超过 24 小时。通常定修时间命中率规定为：$1-|\pm5\%|$，$|\pm5\%|$ 为定修时间允许误差值。从安全角度考虑，原则上定修日不安排在周一、五、六、日进行（即 1 周内只安排 3 天定修）。一般定修的周期应视设备实际状况，在不同的时期作相应的调整，如宝钢高炉休风在开工初期定为 30 天，现已改为 105 天，这说明炉况稳定后，定修周期可延长。

2）年修——连续几天进行的定修

年修实质上是延长时间的定修，是定修的一种特例，系定修概念的延伸。在日常的定

修中不能处理或检修时间不够的项目，集中到年底或年中安排进行，以较为彻底地处理设备缺陷、隐患，更换在定修时来不及更换的磨损零部件和部分设备，并作较大规模的检查、测试、精度校验及其改善、改造工程。年修的特点是计划性强、项目集中、投入人数多、作业线长、组织难度和规模大及涉及物流面广等。

3）日修——不需要在主作业线停产条件下进行的计划检修

日修不影响主作业线生产，且随时可停机进行，但毕竟也有计划（周计划、日调整）。实行日修计划检修的设备称之日修设备，日修也是实行定修管理不可分割的一部分。但有些重要设备（如原料码头上的卸船机）虽然不在主作业线上，当它们需连续多天进行计划检修时，主作业线生产仍会受到影响，所以这样的检修也应当作年修来安排和管理。

设备定修管理业务流程框架如图 4－1 所示。

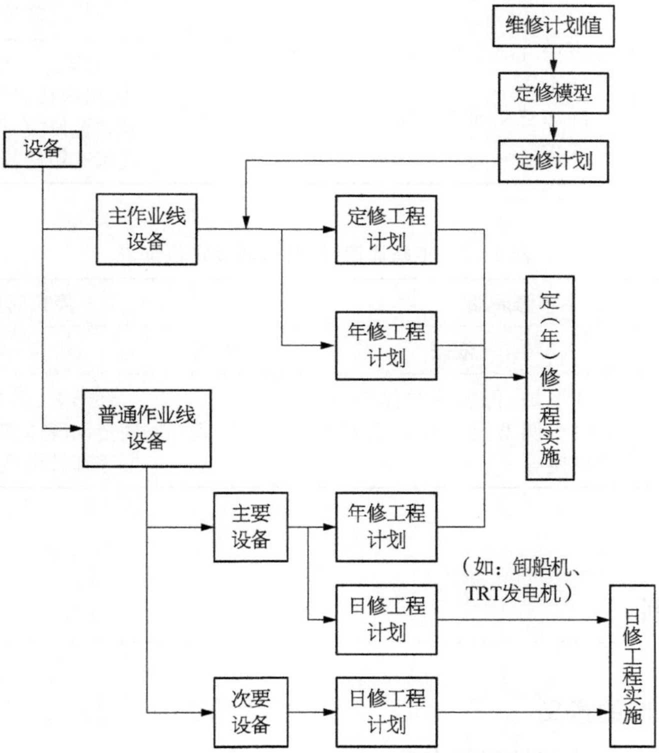

图 4－1　设备定修管理业务流程框架图

定（年）修与日修的管理程序是完全不同的。定（年）修与公司生产计划关系重大，故定（年）修计划应纳入公司生产计划，由公司设备主管部门统一管理。日修不影响公司生产计划，可在平日进行，故日修的日期与时间由各生产厂（部）自行安排。

通常，定（年）修主要由公司集中的检修队伍来承担，日修原则上由各生产厂（部）或地区的检修部门承担。

4.1.2 定(年)修设备停机周期、时间的确定

主作业线定(年)修停机周期和停机时间的确定,受生产形式、维修体制、管理方式、技术水平、厂址条件及开工年限、操作方式、设备状况等因素的制约。为确保检修的高效率,需进行经济的设定,并在实绩管理的基础上进行修正。现以某钢管厂为例,其设定依据见表 4-1 和表 4-2。

表 4-1 定修周期、停机时间设定依据表

作业线名称	定修周期		停机时间	
	周期	依据	时间	依据
钢管	10 天	穿孔机三辊定心机换 1～2 架 连轧机主传动接手更换 1～2 个 冷床 1 次、2 次接料臂更换 2～4 个 再加热炉输出、输入辊更换 2～4 个	16 小时	穿孔机主传动、万向接手、导盘、脱棒机插入链主传动修复,再加热炉底传动修理
			36 小时	三辊定心机拆装修复,环形炉装、出料机修复,传动冷锯上、下压紧装置修复,张减机双位机座、复式减速箱修复

表 4-2 年修周期、停机时间设定依据表

作业线名称	年修周期		停机时间	
	周期	依据	时间	依据
钢管	1 年	环形炉、再加热炉体砌筑,炉底台车调整及主设备主要零部件更换等	21 天	环形炉、再加热炉炉体砌筑及炉底传动解体和台车调整,主设备主要零部件更换

4.2 定修制

4.2.1 定修制的意义

定修制全称为设备定修管理制度。

定修制是一种生产设备组织计划检修的基本形式,是以设备的实际技术状况为基础而制定出来的一种检修管理制度,其目的是为了能安全、经济、优质、高效率地进行检修,防止因检修时间延长而影响生产。因此,在定修管理上必须遵循以下两条原则:

(1) 要确保主要生产设备能在适当的时间里进行恰当的维修,既防止为追求产量而拼设备,造成设备因欠修而提前磨损或发生故障,也为防止设备不按计划检修而打乱生产计划的执行。

(2) 预先设定的检修负荷即各检修工种需用人数，应保证不因人力不足而常常削减点检方的委托项目，但设定值也不宜过大，以免浪费人力，实施中一定要严加控制，务求检修负荷波动要小。

定修制就是为了实现以上两条原则而制定的检修工程管理制度。定修应看成是点检的继续，从某种意义上可以认为点检制和定修制是两个互为因果的维修管理制度，也是不可分割的整体，应把它俩看成是连体婴儿。没有定修制，点检制是难以行得通的。对于流程型企业来讲，点检定修制应该作为一个完整的制度推广，若只搞点检而不搞定修，仍沿用过去的大、中、小修，那么推行点检制就失去了现实意义。但在具体做法上，可先推行点检制，定修制可作超前准备，一旦条件成熟后便可双管齐下。

4.2.2　定修管理的主要内容

4.2.2.1　设定定修模型

为了用最少的费用来取得最大的维修效果，充分利用现有的检修力量，公司设备主管部门应从全局利益出发，既要照顾生产要求，又要满足设备需要，必须对定修实行有效的标准化管理，这个管理标准就是所谓的定修模型。

1) 定义

公司各主作业线设备定修周期、定修时间、施工日、工序组合、负荷(人数)五要素的综合平衡设定表称为定修模型，它是搞好设备维修管理极为重要的方法。

2) 在设定时应遵循的原则

(1) 要满足公司的经营方针。

(2) 要保证生产工艺线上物料畅通、能源损失最少，即定修的组合要合理。

(3) 定修周期、定修时间的设定要符合主要部件的使用寿命，符合设备实际状况。

(4) 投入检修的人数要符合设备实际检修工作量，波动不宜过大。

(5) 定修组合后的检修工作量力求均衡，以有限的检修人员完成更多的检修工作量。

表 4-3 为某钢铁公司设定的定修模型表。

表 4-3　定修模型表

序号	模型代号	作业线名称	定修周期	定修时间	施工日	负荷(人数)				
						机	电	仪	其他	合计
1	a/d	炼钢	10 天	10～12 小时	周二、五	200	130	40	40	410
2	b	烧结	1 个月	18 小时	周五、二	315	51	29	128	523
3	c	炼焦	4 周	4 小时	周四	50	25	10	25	110

续 表

序号	模型代号	作业线名称	定修周期	定修时间	施工日	负荷(人数)				
						机	电	仪	其他	合计
4	d	高炉	1 个月	16 小时	周二、五	406	60	66	158	690
5	e	钢管	1 周	12 小时	周三	65	40	12	13	130
6	a/d	初轧	10 天	14 小时	周二、五	350	90	20	130	590
7	年修	烧结（含原料输出）	2 年	150 小时	9 月 2 日	356	64	38	138	596
8	年修	初轧（初轧、连轧）	1 年	12 天	10 月 16 日	50	40	20	20	130
9	年修	钢管（热区、精整）	1 年	21 天	12 月 23 日	100	70	17	20	207

由表 4－3 中可以看出，高炉、炼钢、初轧在每个月中要遇上一次，也就是三厂联合定修。现以炼焦的焦炉为例，展开说明一下定修模型是如何设定的。焦炉定修模型设定了以下三个内容。

（1）主作业线停机检修的周期——每隔多少时间定修一次。

焦炉是四周一次。为了使焦炭生产稳定，因此将两座焦炉分开来定修，定修日的安排见表 4－4。

表 4－4　焦炉定修日安排表

日期 系统	第 1 周	第 2 周	第 3 周	第 4 周	第 5 周	第 6 周	第 7 周	第 8 周	第 9 周	第 10 周	第 11 周	第 12 周
1# 炉	○				○				○			
2# 炉			○				○				○	

注：除焦炉本身定修外，焦处理系统可随高炉定修时同步进行。

（2）每次主作业线停机检修的时间——定修时间。

考虑到煤气的平衡等因素，每次焦炉定修时间定为 4 小时。定修时间从推焦结束、装煤车将煤装完、移动机械停到指定位置后开始，直到检修完工、恢复供电、进行试车等全部结束为止。定修时间自上午 9 时至下午 1 时，一般不得轻易延长。

（3）检修的负荷量——规定每次定修时机械为 50 人，电气为 25 人，仪表为 10 人，其他工种为 25 人，这样便于平衡总的检修力量。

今后各企业在推行定修制时，定修模型应是根据总的维修方针、目标，并在前几年实绩分析的基础上，由公司设备主管部门征询各方意见后统一编制而成，每年设定一次，每半年调整一次。

定修模型中的设定值反映了某一阶段的维修管理水平，它从总体上来说属于动态性的。我们所追求的目标是：最合理的定修组合；能逐步延长定修周期、缩短定修时间；进一步提高检修有效作业率。可以说定修模型设定值涉及点检、检修人员素质、备品备件使用寿命，技术、管理人员的高度责任心，领导者的能力水平等多种因素。只有通力合作，定修模型的设定值才能达到最优化。

在定修模型设定前，必须做好以下工作：

(1) 各设备单位应按年度定(年)修设定表提出本单位各主作业线定修周期、定修时间、负荷及可参与定(年)修的人数，报公司机动处(或设备部)。

(2) 各检修部门将可参与定(年)修的人数报机动处(或设备部)核定。

(3) 机动处(或设备部)对各单位定(年)修负荷及可参与定(年)修的人数进行综合平衡后，着手设定定修模型，经公司计划部门确认后报公司主管设备的副总经理批准，随同年度生产计划一起下达。

定修模型的各项设定值代表了企业的维修水平，使维修管理从定性走向定量管理。模型中的定修周期、施工日期和工序定修配合方式，经设定后是不准随意变动的；负荷(人数)可允许有一定的浮动，但也不能过大；定修时间(标准时间)是制定定修计划的参考基准值，实际定修需要时间可视具体情况适当调整，最终定修时间的确定是在定修预备会上由机械点检作业长(定修日总指挥)敲定。

4.2.2.2　制定定修计划

定修计划是控制定修实施的一种手段，它是定修模型在计划管理实施过程中的具体化。

1) 定修计划的含义

为了维持和提高定(年)修设备的性能而进行编制的维修设备停机日程、时间和次数的计划称为定修计划。

编制定修计划的目的是预知定(年)修所确定的日期和时间，便于生产、设备方面工作的预安排。

2) 定修计划的制定

根据定修模型和设备的磨损劣化状况及生产计划，制定为提高设备可靠性所需的最低限度设备停机计划，并由生产平衡后决定停机时间，以免物料和能源的浪费。

定修计划有跨年度的长期计划、年度计划、季度计划和月度计划。下面就各种定修计划的编制程序简要作一说明。

（1）长期定修计划。

长期定修计划的期限一般为 2 年，对于年修周期长的作业线设备也可跨期 2 年以上。

各设备单位机动科（设备管理室）在公司组织编制年度生产计划期间，根据设备状况和维修计划值组织编制或修订长期定修计划，确定第一年定（年）修日程、时间及主要工程项目，预设第二年或后几年定（年）修日程、时间及主要工程项目。

（2）年度定修计划。

机动处（设备部）根据各单位编制或修订后的长期定修计划，在综合平衡的基础上编制公司年度定修计划草案。

机动处（设备部）先在处（部）内平衡，多方征求意见，进行第一次修改，然后由主管处（部）长以公司名义组织召开机动科长（或设备管理室主任）会议对“草案”提出修改意见。机动处（或设备部）将“草案”进行第二次修改，经主管处（部）长审定后报公司计划部门确认、会签，然后报公司主管副总经理批准生效，随公司年度生产计划一起下达。

（3）季度定修计划。

机动处（设备部）提前 45 天编制公司季度定修计划草案。

由机动处（设备部）主管处（部）长召开平衡会议，公司生产部门派员参加，讨论“草案”，并进行调整修改。

修改后的“草案”经公司生产部门确认、机动处（设备部）主管处（部）长审定后报公司，随季度生产计划下达。

（4）月度定修计划。

机动处（设备部）提前 30 天编制公司月度定修计划草案。

机动处（设备部）主管处（部）长召开平衡会议，公司生产部门派员参加，讨论“草案”，并进行调整、修改。修改后的“草案”经机动处（设备部）主管处（部）长审定后报公司，随月度生产计划下达。

定修计划必须在设备状态监测、劣化倾向管理提供信息的基础上制定，才能保证它的准确性，否则是毫无意义的。还需注意的是定修计划时间与定修模型规定时间不宜相差过大，至少是月度、季度、年度定（年）修计划设定总时间数要力求保持相接近，误差值不得超过 5%，不然有可能影响生产计划的执行。此外，在编制定修计划时，凡涉及同一主作业线上的设备由多个设备单位分管时，在编制时则由主体设备单位负责协调。

4.2.2.3 标准化程序管理

检修工程实行标准化程序管理，现以定修为例作一详细介绍，定修共分四个阶段：第一阶段——定修项目的提出及工程委托；第二阶段——工程施工前的准备及定修预备会议；第三阶段——定修实施；第四阶段——召开定修总结会。

1）第一阶段——定修项目的提出及工程委托

（1）要按条件立项。首先点检员根据设备状况、点检结果和周期管理表将所需纳入维修计划的项目列成一个一览表（即维修项目预定表），此表在设定上应包括人力、备件、工程材料、施工技术方案、专用工器具等方面内容及落实情况。点检员根据表上所列每一项目情况做出是否具备施工条件的判断，当确认具备施工条件时方可立项。当因项目多而超过定修模型规定负荷（人数）5%时，可用排队的方法按轻重缓急选出优先顺序，未能纳入本次定修的项目，将延期至下次定修。

（2）着手编制维修计划，编制时应掌握一个原则：日修项目不得纳入定修，定修项目不得纳入年修。通常，定修项目内容主要来自以下七个方面：①周期管理项目——设备的长周期点检计划表上所列出的定期维修项目或常例工程；②劣化倾向管理项目——周期性测定，定修日方能实施；③点检结果项目——由点检员在现场点检时发现的需在主作业线停机时方能处理的项目；④改善改造项目；⑤上次检修遗留项目；⑥故障处理项目；⑦生产及其他方委托项目——生产或安全上提出的设备缺陷或小改项目。

（3）为使维修计划尽可能符合实际，通常定修项目的委托提出时间为施工前10～20天（年修为施工前40～50天，日修为施工前5～10天）。工程委托前，先由各点检组将维修计划表内要施工的项目填入"检修工程委托单"（表4-5），由点检作业长经审核后把检修工程委托单连同计划表交由所在的设备管理部门下属管理组分别向各对口检修单位委托，同时点检员准备好检修用的图纸、技术要求、备品备件、检修用工程材料及特殊、专用工器具。

2）第二阶段——工程施工前的准备及定修预备会议

（1）检修方接到管理方（点检方）委托的项目后，要进行现场调查，填写工程调查表，编写维修作业标准，该标准由施工班组编制，交由点检员确认，并填写《安全联络事项》、工程施工进度表递交管理方，并按作业标准做好各项修前准备。

（2）组织和召开定修预备会议。定修预备会议是定修实施前的准备会，一般在定修前三天由机械点检作业长主持召开，参加会议的有操作、检修、点检三方的联络者、安全责任者及有关人员。会上最终确定本次定修的工程项目、进度以及相互配合事项，并根据各单项施工进度制定出综合进度表。定修预备会议上要确认的事项，包括如下几个方面：

① 定修的时间带。所谓定修的时间带就是会上所决定的本次定修时间（考核值）。若在定修开始后，再需追加时间，一概定为定修时间延迟。

② 定修工程的范围和项目。包括机、电、仪、土建、炉窑等，在最终确定项目时，一定要弄清楚决定本次定修时间带的主控项目（或称为咽喉项目），这是关系到本次定修能否成功的关键环节。

③ 停电时间、安全联络、挂检修牌的数量、位置等检修安全事项。

表 4-5 检修工程委托单

<table>
<tr><td colspan="2" rowspan="2">工程委托单</td><td colspan="3">委托日期</td><td colspan="3">委托部门</td><td colspan="3" rowspan="2">部门组长</td><td colspan="3" rowspan="2"></td><td colspan="3" rowspan="2">点检者</td><td colspan="2" rowspan="2"></td></tr>
<tr><td colspan="3">年 月 日</td><td colspan="3"></td></tr>
<tr><td rowspan="3">生产厂(部)
各生产
线名</td><td rowspan="3"></td><td colspan="17">工程性质分类代号(圈○)</td></tr>
<tr><td colspan="4">施工类别</td><td colspan="13">施工项目分类</td></tr>
<tr><td>Ⅰ</td><td>Ⅱ</td><td>Ⅲ</td><td>Ⅳ</td><td>a</td><td>b</td><td>c</td><td>d</td><td>e</td><td>f</td><td>g</td><td>h</td><td>i</td><td>j</td><td>k</td><td>l</td><td>m</td></tr>
<tr><td>工程编号</td><td></td><td rowspan="2">日修</td><td rowspan="2">定修</td><td rowspan="2">年修</td><td rowspan="2">紧急
补修</td><td rowspan="2">定期
更换
油脂</td><td rowspan="2">定期
解体
检查</td><td rowspan="2">定期
调整
试验</td><td rowspan="2">定期
修理</td><td rowspan="2">事故
抢修</td><td rowspan="2">恢复
修理</td><td rowspan="2">改善
修理</td><td rowspan="2">大修
理</td><td rowspan="2">离线
修理</td><td rowspan="2">测绘
解体</td><td rowspan="2">生产
委托
工程</td><td rowspan="2">技术
措施
工程</td><td rowspan="2">其他</td></tr>
<tr><td>工程名称</td><td></td></tr>
<tr><td rowspan="3">委托单位
人工估计</td><td>钳(电)工</td><td colspan="4">土建</td><td colspan="2">冷作工</td><td colspan="2">焊接工</td><td colspan="2" rowspan="3">施工预定
月日</td><td colspan="2" rowspan="3"></td><td colspan="2" rowspan="3">现场说明</td><td colspan="3">___月___日___时</td></tr>
<tr><td>人时日</td><td colspan="4">人时日</td><td colspan="2">人时日</td><td colspan="2">人时日</td><td colspan="3" rowspan="2"></td></tr>
<tr><td></td><td colspan="4"></td><td colspan="2"></td><td colspan="2"></td></tr>
<tr><td colspan="10">工程内容
主要用零部件</td><td colspan="9" rowspan="2">委托方要求摘要</td></tr>
<tr><td colspan="10">备件全否</td></tr>
<tr><td rowspan="2">接受日期</td><td rowspan="2"></td><td rowspan="4">接
受
者</td><td rowspan="4"></td><td rowspan="4">施
工
者</td><td rowspan="4"></td><td rowspan="4">施工单位
人工估计
及实计</td><td colspan="3">钳(电)工</td><td colspan="3">土建</td><td colspan="3">冷作工</td><td colspan="3">焊接工</td></tr>
<tr><td colspan="3">人时日</td><td colspan="3">人时日</td><td colspan="3">人时日</td><td colspan="3">人时日</td></tr>
<tr><td rowspan="2">接受编号</td><td rowspan="2"></td><td colspan="3"></td><td colspan="3"></td><td colspan="3"></td><td colspan="3"></td></tr>
<tr><td colspan="3"></td><td colspan="3"></td><td colspan="3"></td><td colspan="3"></td></tr>
<tr><td colspan="7">使用材料</td><td colspan="12">施工中发现设备情况</td></tr>
<tr><td colspan="13" rowspan="2">施工单位摘要</td><td colspan="3">修理记录</td><td colspan="3">检查记录</td></tr>
<tr><td colspan="3">要・否</td><td colspan="3">要・否</td></tr>
<tr><td>施工人工
实际(人时)</td><td colspan="2"></td><td colspan="3">实际记录员</td><td colspan="3"></td><td colspan="10">一式四份,点检、计划、管理、施工各一份</td></tr>
</table>

④ 各种移动机械的停车位置。

⑤ 检修用施工机械、起重吊车的停放位置。

⑥ 若有在煤气区域动火检修的项目，则必须先由安全部门开具包括检修日、指定时间间隔、指定煤气区域检修地点的“动火证”，办妥安全手续。

⑦ 与定修有关的其他事项，如备件、工程材料、生活措施等。

定修会议后仍有不明之处，由点检联络者负责到施工现场向施工人员再次说明。

3）第三阶段——定修实施

（1）施工前进行现场安全确认。

定修日，施工组应提前30分钟到达现场，在检修作业前以班组为单位开展危险预知活动，组长把本次所承担的项目在施工中可能发生的不安全因素向组内人员讲明，以引起相互注意。

停机后点检、操作、检修三方责任者应立即进行安全联络，对开关、阀门的切换位置、安全防护设施进行确认，由检修方填写安全确认书，当全部设备停车到位、停电、停气后，由三方进行挂牌粘贴安全封条。在点检和操作方签发开工许可证后方可开始作业。

（2）施工期间的管理。

三方安全联络后，各施工组进入施工现场，围上安全栏绳，张贴“工时工序表”，摆放好检修用工器具。若要动火的，则应开具“动火证”，在办妥安全手续后方可进行施工。

在施工期间，由设备单位负责安全的人员组织由生产、检修方参加的定修安全巡视，检查施工中的不安全因素。定修已过3/5时间后由管理方（定修总指挥）召集三方负责人召开中间联络会议，检查进度，并及时解决需协调的问题，确认何时试运转。定修时间通常在4小时及以下，可采用对讲机与现场定修指挥所直接联络，不另召开定修中间会议。

（3）施工完毕后的试车、验收。

施工完毕后由点检方来确认，以点检方为主组织三方进行安全联络，会同摘取在电源或阀门上的检修牌，送上电后进行单体试车和联动试车，试车合格后由点检员通知施工人员办理签证验收，即可恢复生产，至此定修宣告结束。施工完毕后检修队伍应将现场清理干净，搞好5S工作，然后再撤离现场，由点检员签发交工证。定修后需24小时保驾，由检修方安排留守人员。

在这一阶段中，必须强调的是施工前后三方安全确认、挂（摘）牌工作一定要认真执行，三方中只要有一方不在场，就不准挂（摘）牌，也就不能进入现场施工（或试车），且明确规定必须由岗位操作人员挂牌。

4）第四阶段——召开定修总结会

定修后三天由管理方召集三方开展定修总结会，主要是对这次定修在组织、指挥、进度、质量、安全等方面进行回顾总结，相互交流意见，肯定成绩，找出差距，对下次定修可起到改进作用。为了减少会议次数、节省时间，对定修周期短的设备单位可采取两次会议合并成一次，即在召开上次定修总结会的同时召开本次定修预备会。

以上各阶段实施的目的是为了能安全、优质、高效率地进行检修，并且防止因检修时间延长而影响生产。日修、年修工程的进行程序与定修相似。

4.2.2.4　定（年）修的独特之处

定（年）修不同于国内沿用的大、中、小修，现将定（年）修与国内沿用的大、中、小修相比较，其不同之处见表 4－6。

表 4－6　定（年）修与大、中、小修的区别

检修模式	大、中、小修	定(年)修
检修目的	为了对缺陷设备的修复	预防设备劣化而造成事故、故障
检修类型	计划预修	状态维修
检修手段	修复	修复＋改善、改造
检修项目提出依据	良否判断、缺陷检查	状态点检、倾向检查、周期管理
检修周期	常量（以时间周期为基准——静态）	变量（以设备实际技术状态为基准：周期＋状态＝动态）

定修管理的职责与分工见表 4－7。

表 4－7　定修管理的职责与分工

分管部门	承担定修管理的主要职责
公司设备主管部门	组织设定定修模型，编制公司定（年）修计划（含年、季、月度计划），确定定（年）修日程和停机时间，以及检修负荷的平衡和综合性工程的协调，定修实绩统计、分析
各设备单位设备管理部门	组织编制长期定修计划和年度定（年）修设定表，确定定（年）修工程项目、内容并估工委托，以及工程协调和施工现场指挥，直至组织交工验收
检修部门（含公司本部）	接受施工委托、工程调查，编制维修作业标准，进行工程管理，确保检修质量和工程施工进度，安全贯穿于始终
生产操作部门	施工现场配合，生产委托工程落实

设备定修管理业务流程如图 4－2 所示。

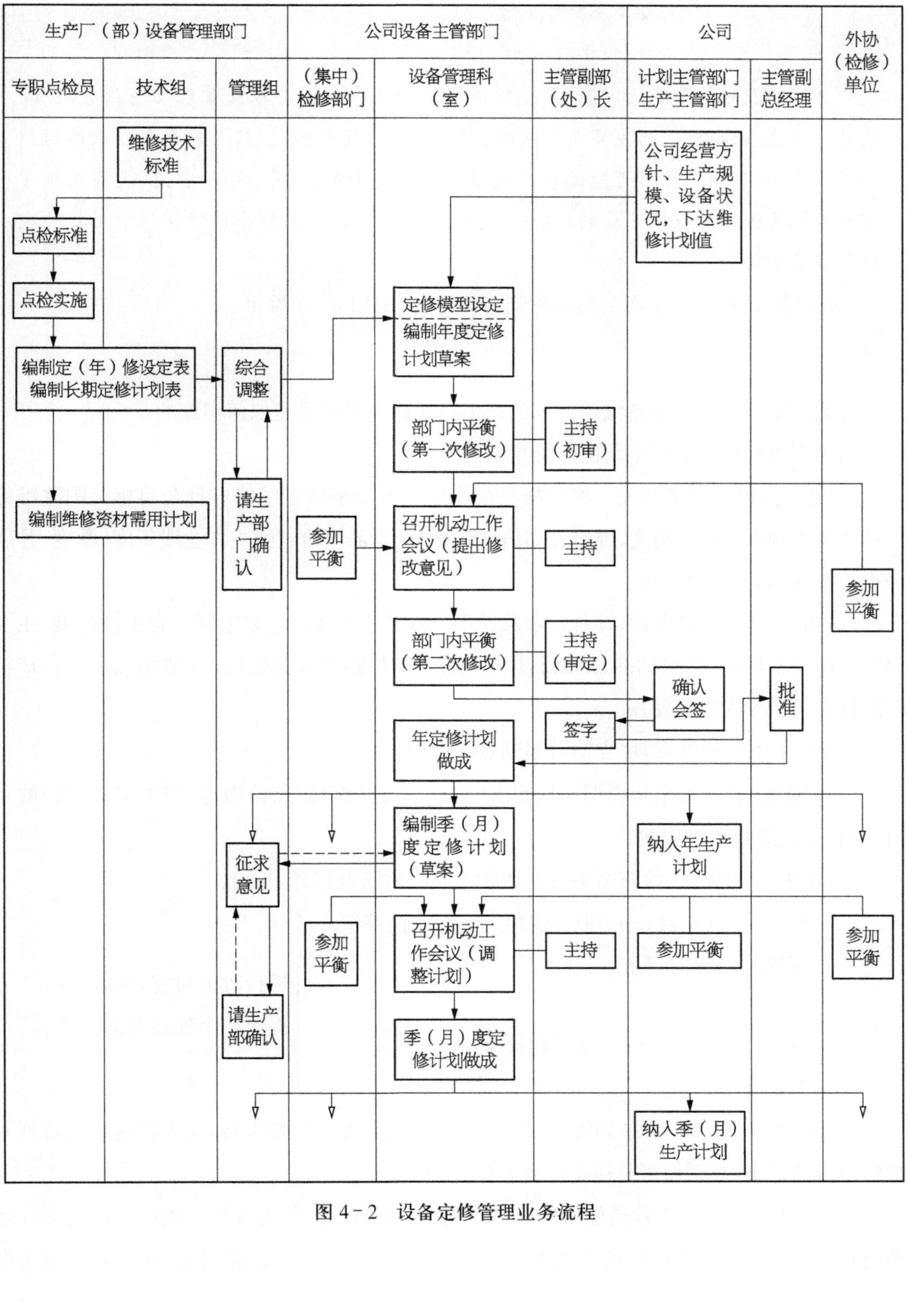

图 4－2　设备定修管理业务流程

拓展阅读

现代化设备维修管理动态业务流程图解读

为了顺利地推行点检定修制，必须建立一套现代化设备维修管理动态业务流程。这套业务流程能否实施，主要是靠组织机构的保证，换句话说，只有建立起以点检为核心的维修组织体制，才有可能逐步形成现今的这套业务流程。可以看出，设备维修管理业务都是围绕着点检开展的，这也充分说明了点检部门在整个维修组织中所处的地位是非常重要的。

现代化设备维修管理动态业务流程如图 4-3、图 4-4 所示。

在此简要介绍一下设备维修计划的产生及检修工程项目是如何实施的。

前半部维修计划的产生均由点检组来编定：

(1) 首先，根据设备有关一些资料及企业生产大纲来确定维修方针与目标。围绕维修方针主要体现在：管理制度、维修计划值（指公司计划部门给定的主作业线年度、季度、月度停产检修时间）和考核指标。

(2) 根据总的维修方针、设备要求及凭维修人员的实践经验来编制一套维修标准，主要包括维修技术标准、点检标准、给油脂标准、维修作业标准及其他标准（通用、法定）。样板厂的标准仅供参考借鉴使用。

(3) 有了维修标准后，由点检员编制点检计划。

(4) 点检组长根据全年周期计划摘出（确定）本月（周）的点检内容，作为本月（周）的点检计划，据此进行点检作业。

(5) 根据点检作业、检查结果及在线状态监测所获取信息，写出：

倾向记录（定量）——根据磨损、振动、腐蚀等情况所作的倾向记录 良否记录（定性）——发现设备有异常（缺陷、隐患）要记录下来	进行改进研究，然后提出一个处理方案

(6) 对于有些点检项目（如解体检查），点检员需要委托检修人员，应先将这些项目列入维修项目预定表内，则便可直接将指令委托过去。

(7) 改善方案——点检员能做的自己研究，若自己做不了，可委托二级厂（部）设备管理部门和公司设备主管部门的设备技术人员帮助解决，若设备主管部门也解决不了，则还可

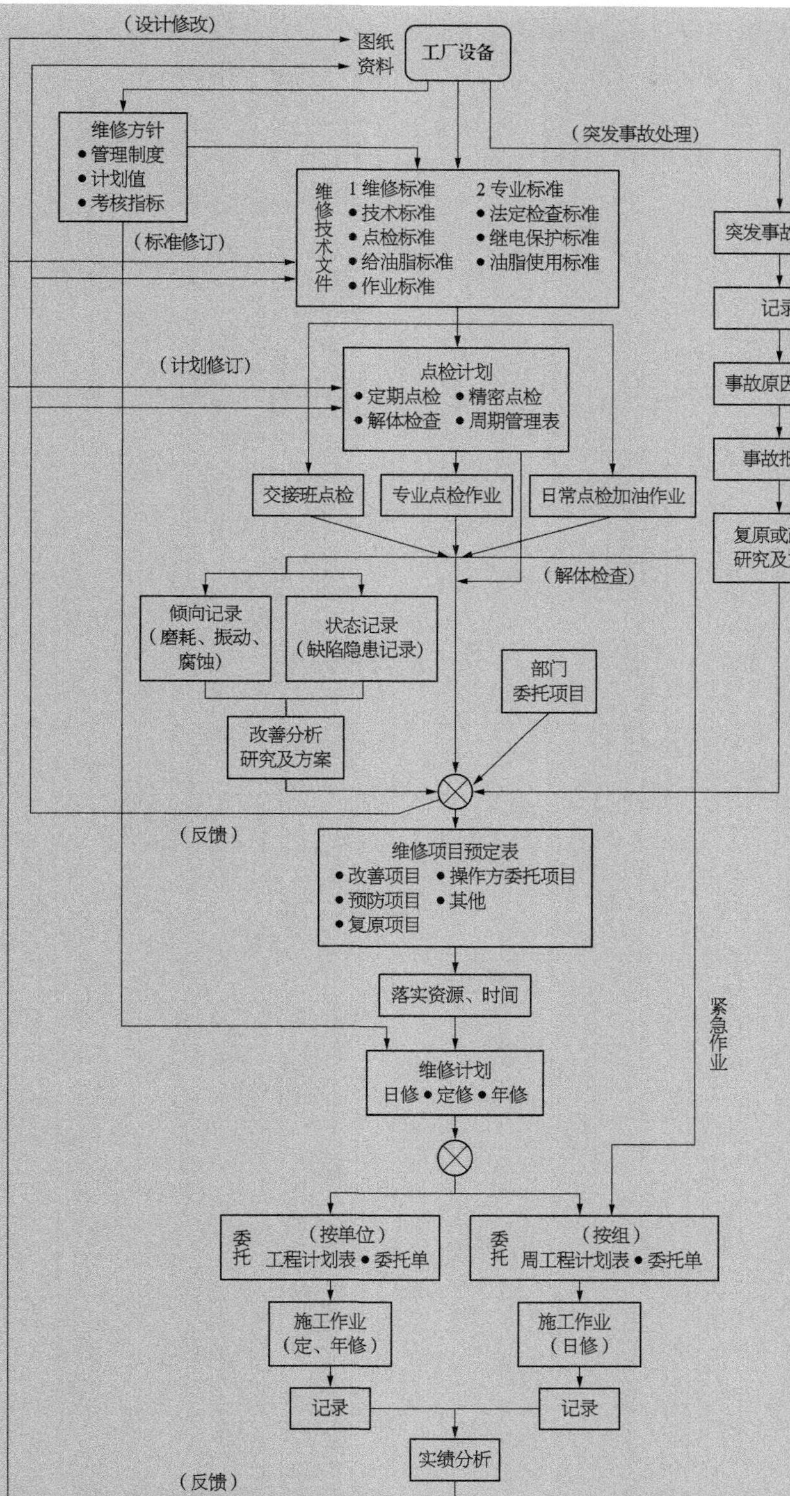

图 4-3　现代化设备维修管理动态业务流程简缩图

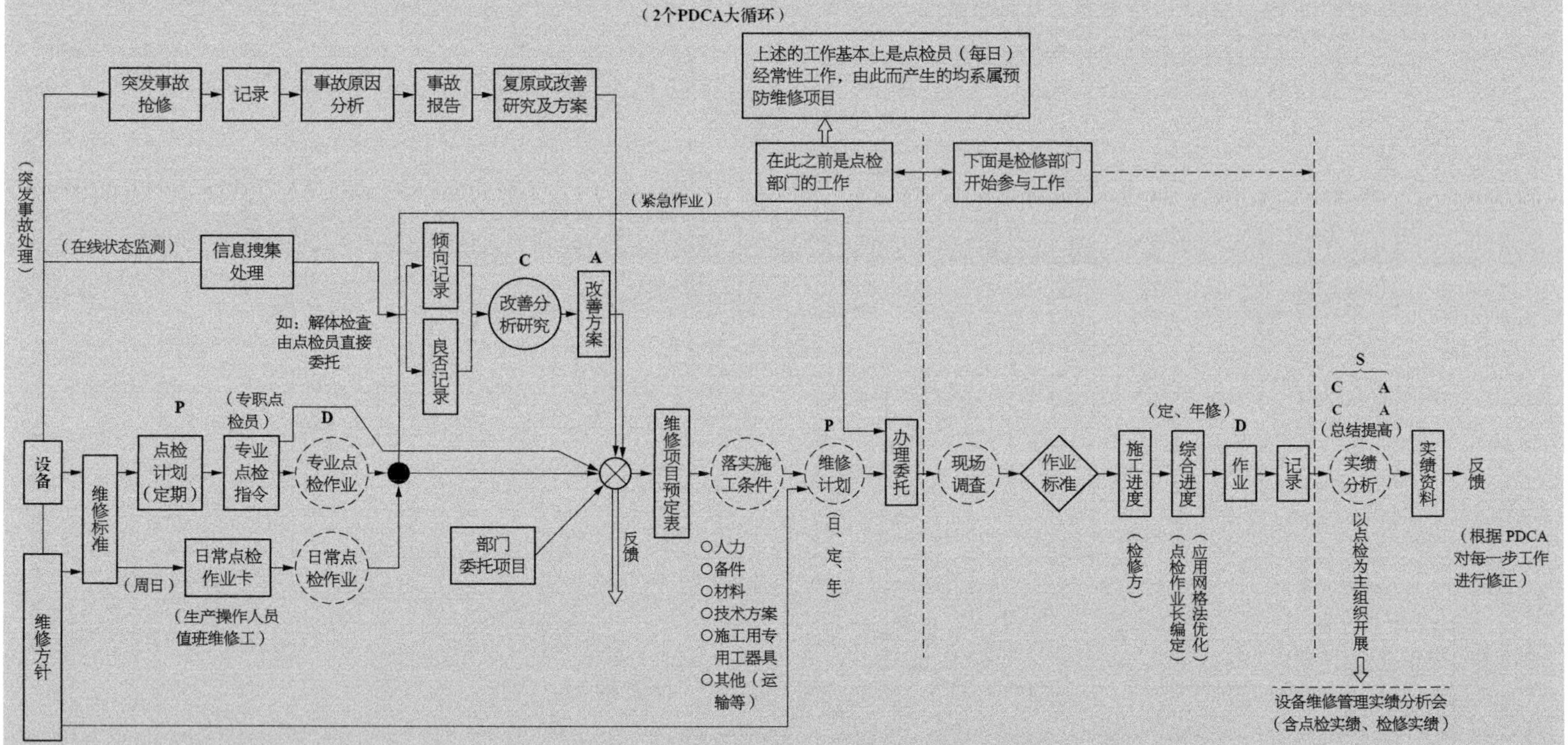

图 4-4　现代化设备维修管理动态业务流程展开图

请设计院或通过外委予以解决。

(8) 凡是需安排维修的项目，均列成一个一览表(维修项目预定表)，是否具备施工条件，需作进一步落实，包括有些工程量大的项目，要逐项落实人力、备件、工程材料、施工技术方案、专用(特殊)工器具、其他器械等条件是否具备。

(9) 各方条件落实后，方能编制维修计划。

上述九条工作基本上是点检员的经常性工作，这样所列入的计划维修项目均属预防维修项目。

(10) 维修计划确定后，马上可办理工程项目的委托。

(11) 施工单位接到检修工程委托单后要进行现场调查(由点检员陪同)。

(12) 调查后编制维修作业标准与施工进度表。

(13) 由点检方根据各方的施工进度表来制定出综合进度表。

(14) 进行作业、记录、实绩分析，得出实绩资料。

(15) 图表中，除预防维修、改善维修介绍外，还应有事故抢修流程和故障临时处理流程(即紧急作业流程)。

(16) 反馈——根据 PDCA 对原制定的标准、计划等进行修正，不断完善。

第 5 章

设备维修管理考核指标及考核办法

5.1 考核指标

5.1.1 设备综合效率

设备综合效率的计算方法为：

设备综合效率＝时间开动率×性能开动率×合格品率
（可用水平）（运行水平）（质量水平）

其中：

时间开动率＝(实际作业时间／日历时间)×100％

实际作业时间＝日历时间－停机时间

性能开动率＝速度开动率×有效作业率

速度开动率＝(理论加工节拍／实际加工节拍)×100％

有效作业率＝[实际作业时间／(日历时间－计划停机时间)]×100％＝(实际作业时间／规定作业时间)×100％(节拍是指生产前后两件相同产品的间隔时间，有效作业率又称为纯开动率)

合格品率＝[检验产品合格量／(检验总量＋中间废品量)]×100％

设备综合效率的期望值应为85％。

在影响设备综合效率的三个指标中，提高设备性能开动率，对设备综合效率的提升效果最明显，但要提升设备性能开动率，就意味着避免发生设备故障，也就是追求设备零故障。

5.1.2 设备主作业线故障停机时间

公司对主作业线故障(事故)停机时间实行目标值管理，纳入主作业线管理的产线及各主作业线故障(事故)时间管理的目标值(按月设定)，由公司设备主管部门于每年初书面下达。

公司主作业线故障时间认定准则：凡因设备故障以及因生产工具损坏或生产工艺事故而引起的公司主作业线生产中断的，均作为主作业线故障时间。

5.1.3 设备功能投入率

功能是指设备原设计或经修复、改造、改善后应具备的功效、作用。功能投入率的计算方法为：

$$公司综合功能投入率=\frac{\sum 部门综合功能投入率}{部门数}$$

$$部门综合功能投入率=\left(1-\frac{\sum 功能管理项目功能不投入时间}{\sum 功能管理项目日历时间}\right)\times 100\%$$

5.1.4　设备精度保持率

精度是指设备原设计或经修复、改造、改善后必须达到的精确程度。精度保持率的计算方法为：

$$公司综合精度保持率=\frac{\sum 部门综合精度保持率}{部门数}$$

$$部门综合精度保持率=\left(1-\frac{\sum 精度管理项目精度超标时间}{\sum 精度管理项目日历时间}\right)\times 100\%$$

5.1.5　定修计划时间命中率

考核定修计划时间命中率$\geqslant 95\%$，其计算方法为：

$$定修计划时间命中率=\frac{计划时间-|实际时间-计划时间|}{计划时间}\times 100\%$$

5.1.6　定修时间延时率

考核定修施工管理的综合时间效率，其目标为“零”，即定修时间不得延时，延时部分将计入主作业线故障停机时间。其计算方法为：

$$定修时间延时率=\frac{实际施工时间-计划定修时间}{计划定修时间}\times 100\%$$

5.1.7　定修计划项目命中率

考核定修计划项目命中率$\geqslant 98\%$，其计算方法为：

$$定修计划项目命中率=\frac{计划项目数-|实际计划项目完成数-计划项目数|}{计划项目数}\times 100\%$$

5.1.8　备件计划命中率

备件计划命中率应按以下规定分别进行计算。

(1) 到货连续 12 个月备件的计划命中率：

$$备件计划命中率=\frac{连续12个月的入库量在同期13个月的出库量}{连续12个月的入库量}\times 100\%（项、元）$$

（2）到货 3 个月备件的计划命中率：

$$备件计划命中率=\frac{某月的到货备件量在随后3个月的出库量}{该月的到货备件量}\times 100\%（项、元）$$

注：命中率 $\geqslant 85\%$——A 级；$70\% \leqslant$ 命中率 $< 85\%$——B 级；命中率 $< 70\%$——C 级。

5.2 考核办法

5.2.1 点检工作考核办法

点检工作考核办法参考示例如下。

点检工作考核办法（试行）

（一）总则

为了认真贯彻执行点检定修制，加强对点检工作的督导，提高点检员对点检工作的责任感、使命感，切实抓好设备维修管理工作，确保公司设备维修管理总方针和目标的实现，特制定本考核办法。

（二）组织

公司下属的各厂（部）的设备工作由厂（部）长负责，对各单位点检工作考核由公司设备主管部门负责，下设考核小组由专人负责，各厂（部）也应在厂（部）长组织下建立相应的考核小组。

（三）考核依据

以公司颁发的《设备点检管理制度》《设备定修管理制度》《设备技术状态管理制度》为准则，并根据各厂（部）点检工作的实绩和设备的有效、失效状态，加以综合评定。

（四）考核方式

1. 公司设备主管部门不定期地抽查，各厂（部）每周至少组织一次抽查，每月考评一次，由该厂（部）考核小组负责。

抽查内容：

检查各单位领导是否组织贯彻和创造条件，落实并实施点检工作；

检查每个点检作业区域内的设备状况；

检查点检管理、点检实施是否认真；

检查设备周期管理水平，设备有否失修；

检查备件准备和备件管理情况；

检查点检与生产、检修三方的配合协调情况。

由于点检员主观努力不够而造成的失误，则根据情节减发或停发点检员月奖金，对在点检工作中做出突出成绩者给予奖励。

2. 各厂(部)考核小组于每月25日前将检查报表传送至公司设备主管部门，经考核小组复审后提出评定和处理意见，并经公司设备主管部门领导批准后转交劳资部门备案。

3. 对点检工作有突出成绩，以及不重视或不给予点检工作条件的生产厂(部)长也要考核，由公司设备主管部门呈报公司主管领导加以奖惩。

4. 本办法暂限于机械、电气、仪表点检专业，经试行后再逐步扩展到其他专业。

(五) 考核标准

1. 对各厂(部)的考核标准

各厂(部)的点检员，其中20%及以上不认真进行点检实施工作，则应减发责任厂(部)月奖金总额的20%。

2. 对点检员的考核标准

1) 有下列情况者，每一条款应减发月奖金的30%：

(1) 未能指导操作人员正确使用、点检维护设备。

(2) 未按标准进行点检作业，或点检记录不齐全、书写不准确。

(3) 未能认真执行三方安全确认挂(摘)牌制度。

(4) 故障记录、修理记录不齐全。

(5) 未能正常开展维修实绩分析活动，各类实绩原始数据不齐全。

(6) 因点检不周而造成设备重复二次小事故者。

2) 有下列情况者，每一条款应减发月奖金的50%：

(1) 未做到每天到现场点检或漏检。

(2) 无点检计划表，或虽已制定，但未能实施。

(3) 未能根据周期管理和点检结果及时提出日、定(年)修计划，尤其是机械设备螺栓周期性紧固、电气设备清灰等周期管理项目的组织实施。

(4) 无给油脂计划、记录，或不按周期委托检修方补加油。

(5) 尚未制定设备劣化倾向管理表，或虽已制定，但未能实施。

(6) 主要设备档案不齐全。

(7) 因点检不周而造成设备重复两次一般事故者。

3) 有下列情况之一者，应暂时停发月奖：

(1) 迄今，主作业线上的主要设备仍还采用事后维修手段。

(2) 点检员严重偏离点检业务，主要精力忙于应付抢修。

(3) 因点检不周而造成重大设备事故。

3. 对各厂(部)长和有关责任者的考核标准

1) 由于厂(部)长级领导只是一般口头强调而未能认真组织贯彻实施点检工作，应减发厂(部)长和有关责任者月奖金的 30%。

2) 对各厂(部)主要领导未能组织对点检工作进行认真考核者，应减发厂(部)长及有关责任者月奖金的 50%：

(1) 不按规定填写设备事故报告书，事故发生后不能及时分析处理，尤为重复事故未能及时提出并落实预防与改善对策。

(2) 点检、检修管理较差，造成设备技术状态不良。

(3) 尚未建立机旁备件存放台账。

(4) 由于领导不组织，不贯彻，不考核点检工作，造成设备重复事故者。

4. 对相关人员的考核

上列考核标准中，凡因外界因素所造成并有碍于点检工作的正常开展的，则应减(停)发相关人员的对应条款中的奖金数。

5. 扣款部分留给公司设备主管部门用作奖励点检管理优秀单位及个人，具体奖励额度由部门领导决定。

本考核办法自××××年××月××日起正式试行。

5.2.2 操作人员自主维修考核办法

为了进一步强化操作者自主维修的推进工作，使生产操作人员切实关注设备、爱护设备，特制定如下考核细则(表 5-1)：

表 5-1 自主维修考核细则

考核内容	评分标准(分)					
	25	20	15	10	5	0
操作点检及记录卡	点检认真、记录卡齐全	点检认真、缺记录卡1张	点检认真、缺记录卡2张	点检一般、缺记录卡2张	点检较差或缺记录卡3张	未点检或缺记录卡3张以上
给油脂		100%到位	少1次	少1点2次或少2点1次	少3点1次	未给脂

续　表

考核内容	评分标准(分)					
	25	20	15	10	5	0
设备外观清扫清洁		机电仪设备外表清洁	机电仪设备外表一般	机电仪设备有 1 台未清扫干净	机电仪设备有 2 台未清扫干净	机电仪设备有 3 台及以上未清扫干净
设备事故管理			无操作事故	1 次一般操作事故	2 次一般操作事故	3 次及以上一般操作事故或重复事故
调整、紧固、小修理				认真、不漏项	一般、不漏项	未执行或漏项
检修配合				每个项目三方挂摘牌、验收试车配合好	有 1 项目三方挂摘牌、验收试车未配合好	有 2 项目三方挂摘牌、验收试车未配合好

注：① 本考核细则解释权归属厂设备主管部门。
② 操作事故视情节和频度可酌情加倍扣分。
③ 除本考核细则外，对于无故损坏、撞坏机电仪设备及结构物，按损坏物原值的 5%赔偿，最多不超过 10 万元。

5.2.3　检修工作考核办法

检修工作考核办法参考示例：

检修工作考核办法（试行）

(一) 总则

制定本考核办法的宗旨，为了对检修工程实行有效的管理，不断提高检修技能和检修质量，牢固树立为点检服务的观念，以有限的人力完成设备所必需的全部检修工作量，确保公司生产经营任务的顺利完成。

(二) 组织

公司设备主管部门建立检修工作考核小组，成员由标准化作业检查人员和对口各有关厂(部)的联络人员所组成，各厂(部)也应在厂(部)长组织下建立相应的考核小组。

(三) 考核依据

以公司颁发的《设备定修管理制度》《检修工程管理制度》为基础，并根据公司所属各检修部门工作的实绩(包括日、定、年修和抢修)，加以综合评定。

(四) 考核方式

1. 每季考评一次，即由各生产厂(部)设备管理部门对所管辖区域内的检修班组或个人在本季内的检修工作实绩进行考评，并有权对查出的问题提出停(减)发奖金的处理意见。

考评内容：

平均月检修工时数不得低于 130 小时；

有否树立为点检服务的观念，接受检修项目从不推诿、不扯皮；

每次检修是否按时进入施工现场；

施工中有否坚持安全第一，严格执行检修工程标准化作业；

有否搞好检修与点检、生产三方之间的配合协调工作；

有否按时完成各项检修任务，未经主管部门同意不得延时；

检修质量是否过得硬，返修率为零；

施工完毕后有否搞好现场“4S”工作；

委托加工的修复件有否按计划完成。

对由领导不重视或检修人员主观不够努力而造成的检修工作上的失误，要进行检查考核，并视情节轻重停(减)发月奖金；对在检修中做出突出成绩者应给予奖励。

2. 各厂(部)考核小组在每季末最后一个月的 25 日前将考评情况传送公司设备主管部门，由该部门检修工作考核小组负责审核，必要时可组织有关人员进行复查，并经该部门领导批准后转交公司劳资部门备案。

3. 对不予检修工作创造适应环境或工作条件的各生产厂(部)和厂(部)长也要相应考核，由公司设备主管部门报送公司领导加以惩罚。

4. 本办法暂限于机械、电气、仪表、土建、炉窑的专业检修，经试行后再逐步扩大到其他各专业。

(五) 奖惩条例

1. 有下列情况之一者，应减发班组或个人半个月奖金：

(1) 班组人均或个人月检修工时数低于 130 小时。

(2) 检修前准确工作不够认真，检修用的机具及施工技术方案不齐全，安全措施也不落实，且已影响施工，造成计划修理时间延时。

(3) 接受检修工程委托单后，不止一次地找点检员进行现场说明，增加点检员额外负担者。

(4) 维修作业标准或工时工序表制定得不完善，起不到应有的作用。

(5) 每次检修不能按时进入施工现场。

(6) 不能认真执行开始作业前和施工完毕后的三方安全联络、确认挂(摘)牌制度。

(7) 检修时未备好必要的消耗材料或一般工器具，而硬性要点检员准备(或借用)者。

(8) 修理记录和检查记录不齐全。

(9) 试车期间无人值班。

(10) 施工完毕后未能认真搞好现场"4S"工作。

(11) 经查明不能如实填写检修实绩者(包括实际用了的检修工时和出动人数)。

(12) 不按时参加定修会议(包括定修前的预备会、定修中的中间联络会及定修后的反省会)。

(13) 不能按时完成所承担的各项检修任务。

(14) 因检修质量问题而造成设备故障或小事故两次及以上者。

(15) 备件修复未能达到规定技术指标。

(16) 由于领导组织施工不力而造成不良影响者,应减发厂(部)长及有关责任者半个月奖金。

2. 有下列情况之一者,应视其情节轻重,停发班组或个人一个月及以上的奖金:

(1) 班组或个人人均月检修工时数低于110小时。

(2) 检修方未能实行将检修所需用的维修备件及主材料运送至机旁。

(3) 接受点检方检修工程委托单时提出无理要求,如要求增加工时或索取不应有的津贴等。

(4) 无故拒收检修工程委托单,或不接受值班调度和检修业务分派部门的指令。

(5) 施工中经查明未编制维修作业标准或工时工序表。

(6) 三方安全联络、确认挂牌时无故不到场就擅自施工,而造成无法挂牌潜在不安全因素者。

(7) 查无维修记录和检查记录。

(8) 施工完毕后未开展现场"4S"工作。

(9) 因修复件不能按期交货而造成检修计划的推迟,影响生产者。

(10) 检修不及时、不主动,发生问题后也不向上级部门报告而延误生产者。

(11) 所负责的检修项目严重延时而影响开工。

(12) 因检修质量造成二次一般设备事故或一次重大设备事故者。

(13) 对各生产厂(部)主要领导未能组织对本地区检修工作进行认真考核者应停发厂(部)长及有关责任者一个月奖金。

3. 有下列情况者之一,则应暂时停发奖金:

(1) 班组或个人人均月检修实动工时数低于80小时。

(2) 一贯不执行标准化作业者。

(3) 经常无故拒绝接受点检方的工程委托,消极怠工。

(4) 经常发生检修质量事故,并已造成一次重大设备事故者。

(5) 经常无故不服从值班调度和检修业务分派部门的指令。

4. 各厂(部)检修人员平均工时利用率在40%以下或本单位检修人员中20%及以上已符合奖惩条例(五)中的第3条款者,应扣发厂(部)长三个月奖金。

5. 本奖惩条例同样适用于各协力单位。

6. 扣款部分留给公司设备主管部门奖励检修工作优秀单位及个人,具体奖励额度由部门领导决定。

本考核办法自××××年××月××日起正式试行。

第 6 章

值得关注和探讨的问题

6.1 TPM 的两种含义

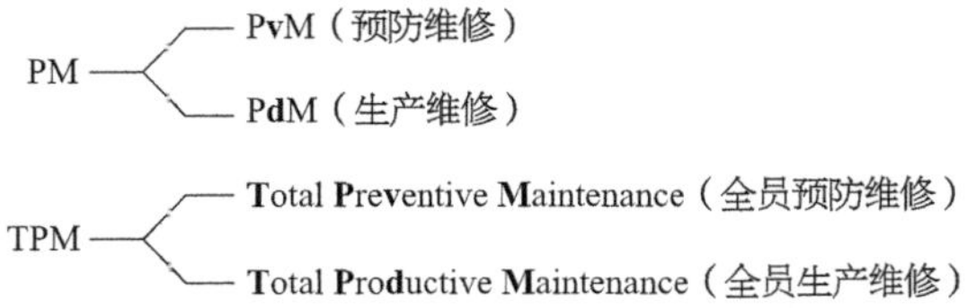

图 6-1 PM 与 TPM 的含义

目前，国内不少企业正在推行 TPM，但就其属性来讲，绝大多数归属于全员预防维修范畴，如冶金行业、印钞行业、电力行业、烟草行业等，仅极少数企业真正达到了全员生产维修，如宝钢、马钢（新区）、武钢（硅钢厂、热轧总厂）、宝新不锈钢、承钢（1780 热连轧卷板机组）、北仑发电、大唐发电、兖矿铝用阳极有限公司，以及中国印钞造币总公司下属的北京印钞、西安印钞、石家庄印钞、昆山钞票纸业公司等十多家公司。

6.2 TPM 项目推进过程框图

2010 年 8 月至 2011 年 1 月期间，作者受聘于北京某项目管理咨询有限公司，以专家身份赴某钢轧厂开展历时半年的 TPM 咨询服务工作，经共同努力顺利完成预定任务。以 1780 热连轧卷板机组作业区为试点，生产作业率提升了 10 个百分点，作业率的提升与推行 TPM 密切相关。当项目总结时，制作了 TPM 项目推进过程框图（图 6-2），可提供给推行 TPM 的企业借鉴。

6.3 点检定修制内涵及要点

1）点检定修制的内涵

务必把握点检定修制的内涵，实行六个方面的转变：设备维修由仅有维修人员参与转变为全员参与，尤其是生产操作人员必须树立自主维修的理念；建立以点检为核心的设备维修管理体制；设备维修要从以“修”为主转变为以“防”为主；设备维修要从过去的凭经验管理转变为科学管理；设备维修由定性转变为定性＋定量相结合的管理；设备维修由以计划预修为主转变为状态维修为主（即由静态管理转变为动态管理）。

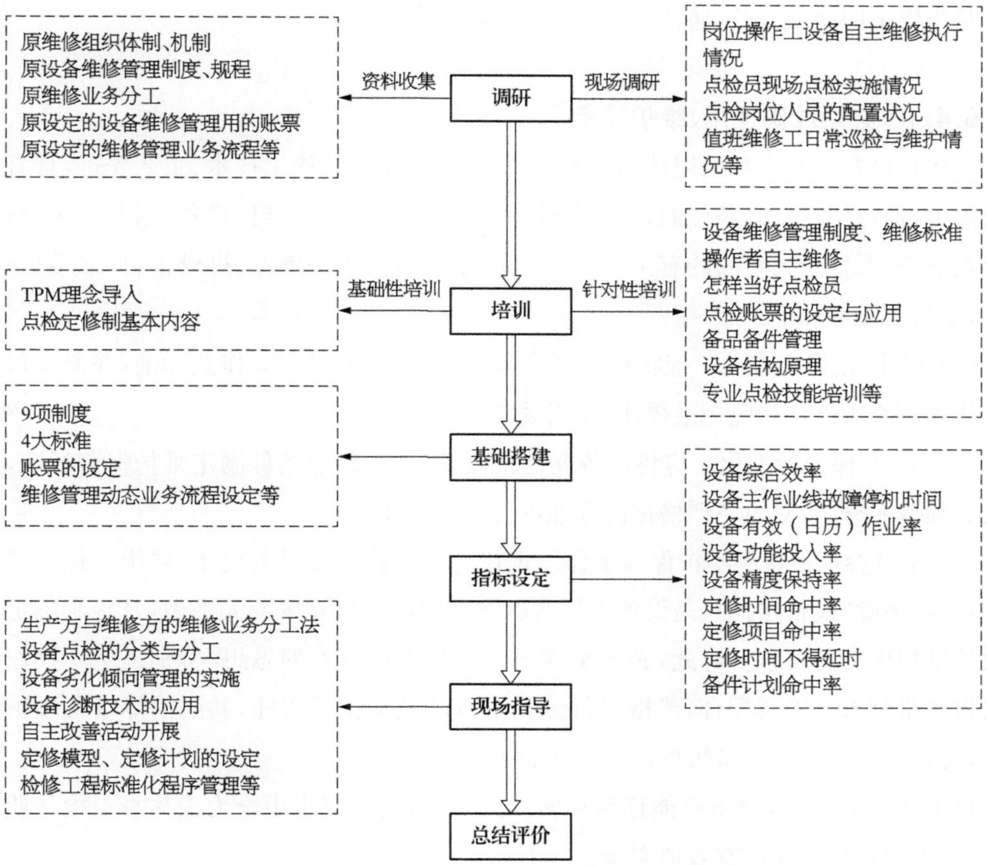

图 6-2　TPM 项目推进过程

2）点检定修制的要点

点检定修制的要点：点检定修制是日本新日铁 TPM 的改良，即中国版的 TPM；基层工人也参加管理；根据"周期＋状态"实行动态管理；追求预知状态维修；专职点检管理业务的二个 PDCA；点检制与定修制互为因果；设备诊断技术；设备劣化倾向管理；定修模型；定修计划；检修工程标准化程序管理；点检定修制的主要特点；点检定修制与计划预修制的主要区别；点检制与巡检制的主要区别；设备维修管理动态业务流程。

6.4　推行点检定修制的必要条件

点检定修制是一套现代化企业实现全员生产维修的基本制度。当然，还有其他许多重要因素，如维修资材、维修技术等，如果这些重要因素跟不上需求，将会严重影响点检定修制的贯彻执行。因此，在贯彻执行点检定修制的同时必须加强其他相关方面的管理，这里主要是指以下四个“必须”(通常也称作点检的四大支柱)。

6.4.1 必须准确使用、维护设备

现代化设备通常大量采用计算机集中控制,并且设计结构上技术、工艺先进,具有很高的可靠性,但这毕竟是有条件的,这个条件就是必须准确使用、维护设备,据不完全统计,许多突发事故、恶性重大事故约有 70%～80%的原因是出于误操作、拼设备、日常维护不周。为此,要切实做好以下三点:

(1) 操作、使用标准化。应将设备逐台按设计要求制定操作/作业标准,并要求每个生产操作人员必须严格按此标准操作、使用设备。

(2) 维护、保养标准化。应将设备逐台按设备要求、作业条件制定维护保养标准,有关人员必须遵照分工,对设备严格按此标准进行维护保养。

(3) 全员参加设备的维护保养工作。现代化企业拥有大量的设备,要维护保养的点也很多,若不破除“设备维护只是设备人员的事”的旧观念,仍靠少数人去做,是很难满足现代化设备维护保养的要求。对此,必须牢固树立全员维护保养的思想,特别是生产操作人员要与设备维修人员密切配合,严格履行分工中自己应承担的责任,共同搞好设备维护保养工作,使自己真正成为设备维护保养工作的主力。

以上各点做到了,设备就能稳定运转,专职点检员方能集中全力去从事点检作业和管理业务,点检定修制才能有效地实施。

6.4.2 必须高效率地实施检修工程

定(年)修的准备时间和实施时间都很短,要在有限的时间内去完成点检方委托的全部检修工程项目,没有高效率的保障是不行的,否则将影响点检业务的顺行。为此,要求定修工程力争做到三个百分之百,即:时间命中率百分之百、项目命中率百分之百、质量命中率百分之百。

为保障检修工程的高效率,要抓好以下几个环节:

(1) 简化检修工程委托手续。点检方与检修方的关系应当看成是发出指令与接受指令的关系,由点检方按规定要求将工程项目直接向检修方委托。检修方应无条件地接受点检方的委托,绝不能借故推诿,具体施工要求在双方会面时说明,在施工中务必保证检修高质量。

(2) 针对每个工程项目,由承接的施工班组预先编制维修作业标准或工时工序表。

(3) 按前面已述的检修标准化程序进行施工准备和施工作业,重点抓好施工准备工作。

6.4.3　必须按点检要求提供备件

通常，备件分为常用件、事故件、计划件等，对于它们的管理要求是有所不同的。

常用备件应在现场设有机旁备件库，由备件仓库按点检方要求随时直供补充它的正常需求，为消除故障于萌芽状态提供必要的条件。

其他备件均应按点检方预期使用计划的要求提供，备件计划供应部门必须将订购、库存信息及时反馈给点检方，特别是成套备件，务必及早准备好。

对于点检方委托的备件旧品的修复，施工部门必须按期交货。

只有备件落实了，需维修的项目方才有条件立项和委托。

6.4.4　必须建有一支经验丰富的高水平技术队伍

设备维修活动中许多复杂的技术问题，如设备的维修技术标准的制定、重大事故的原因诊断、调查分析及设备故障的修复方案、关键重要设备的改善方案及复杂工程项目的施工技术方案等，单靠点检员是不可能完成的，一支经验丰富的高水平维修技术队伍是必不可少的。

总之，推行点检定修制不能单凭点检员的力量，还必须依靠生产操作部门、检修部门、备件供应部门、设备技术部门的密切配合，全力以赴，才能取得预期的效果。

6.5　专职点检员的挑选

实践证明，凡是重视点检工作的企业单位，设备状况就好，故障也少。点检工作开展得好与差，除了单位的领导重视之外，在相当程度上还取决于专职点检员自身的素质。为了确保专职点检员的素质，必须从对设备维修有经验、文化程度较高的人员里挑选。应符合以下几个条件：

(1) 有一定的文化基础知识和必要的专业知识，而且管理意识较强。

(2) 具有勤奋工作、认真负责的精神及对工作的进取心。

(3) 具有较丰富的维修实践经验和技能水平及解决现场实际问题的能力。

(4) 必须熟悉设备结构和生产工艺流程。

(5) 具有对相关部门的协调能力和现场施工的组织能力。

(6) 具有自主管理能力。

以上六条，是作为专职点检员必须具备的素质。

6.6 企业如何推行点检定修制

点检定修制是一套现代化设备维修管理方式，是实用型的 TPM。只要认真搞好试点工作，严格按照点检定修制的规定要求去实施，切实做到落地到位，设备就能取得最佳的综合经济效益，这也正是设备综合工程学所追求的。

为在企业尽快树立新的点检定修管理理念，给推广新的维修管理方式铺平道路，务必做好以下准备工作：

(1) 企业领导在充分研讨的基础上，统一思想，统一行动，做出如何贯彻、推行的决策，同时要对推行情况亲自过问。

(2) 先行培训一批学习和推行点检定修制的骨干力量。

(3) 充分做好必要的技术、资材、表卡等准备。

(4) 进行必要的组织机构调整及人员选配。

(5) 要先搞试点(选择原基础管理较好、基层领导决心大、热情高的单位)，以点带面，切不可一哄而起。

(6) 专职点检员待遇要与其承担的工作责任相适应，这从准备阶段就要着手解决，切不可忽视。

推行点检定修制，要与其他先进的企业管理方式同步配套进行，某特大型钢厂在推行点检定修制过程中，结合本企业的特点和实际情况，还同时推行了标准化作业、作业长制、自主管理、计划值管理等各项基层管理制度，这为点检定修制的顺行奠定了基础。

总之，一个好的设备维修管理方式，必须有具体措施予以保障。只要企业领导重视，坚持改革精神，严字当头，一抓到底，就能把点检定修制这套现代化设备维修管理方式的推进工作提高到一个新的水平，为我国现代化设备维修管理做出贡献。

附录 1

冶金行业设备维修管理的升级与变迁

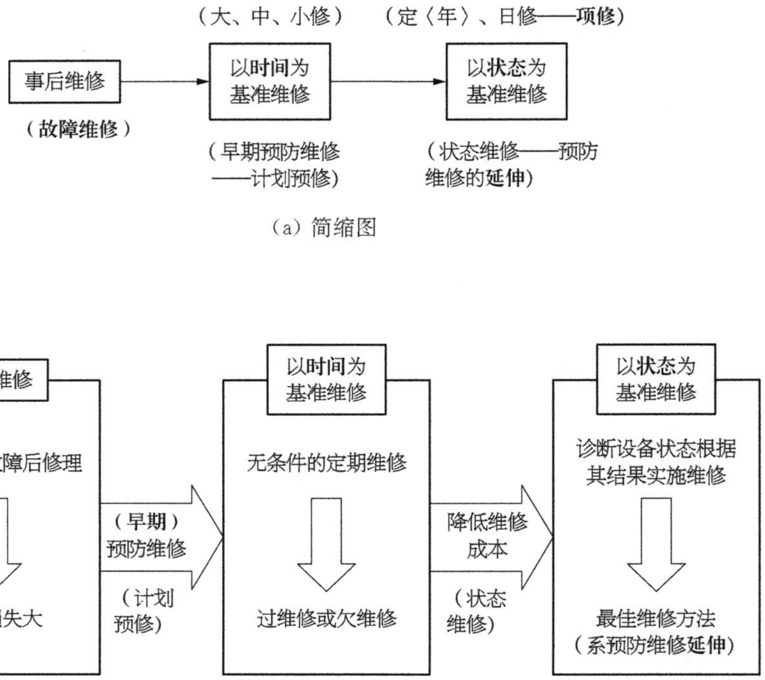

（a）简缩图

（b）展开图

附图 1　冶金行业设备维修管理方法

附录 2

非冶金行业推行点检定修制典型案例

案例一：对中国印钞造币总公司推行点检预修制的评述

中国印钞造币总公司自 2009 年 12 月起在学习、消化宝钢点检定修制的基础上，坚持“博采众长、以我为主”的原则，结合总公司下属企业的实际情况和客观条件，把现代化的设备点检定修制与我国首创传统的设备三级保养制有机地结合起来，融贯应用建立了以点检为核心、实行三级保养的设备维修管理体制，并定名为点检预修制。近十年来的实践证明这种管理模式是有效的。

某印钞有限公司(间断式流程型企业)其设备点检、三级保养制执行及信息反馈程序如附图 2 所示。

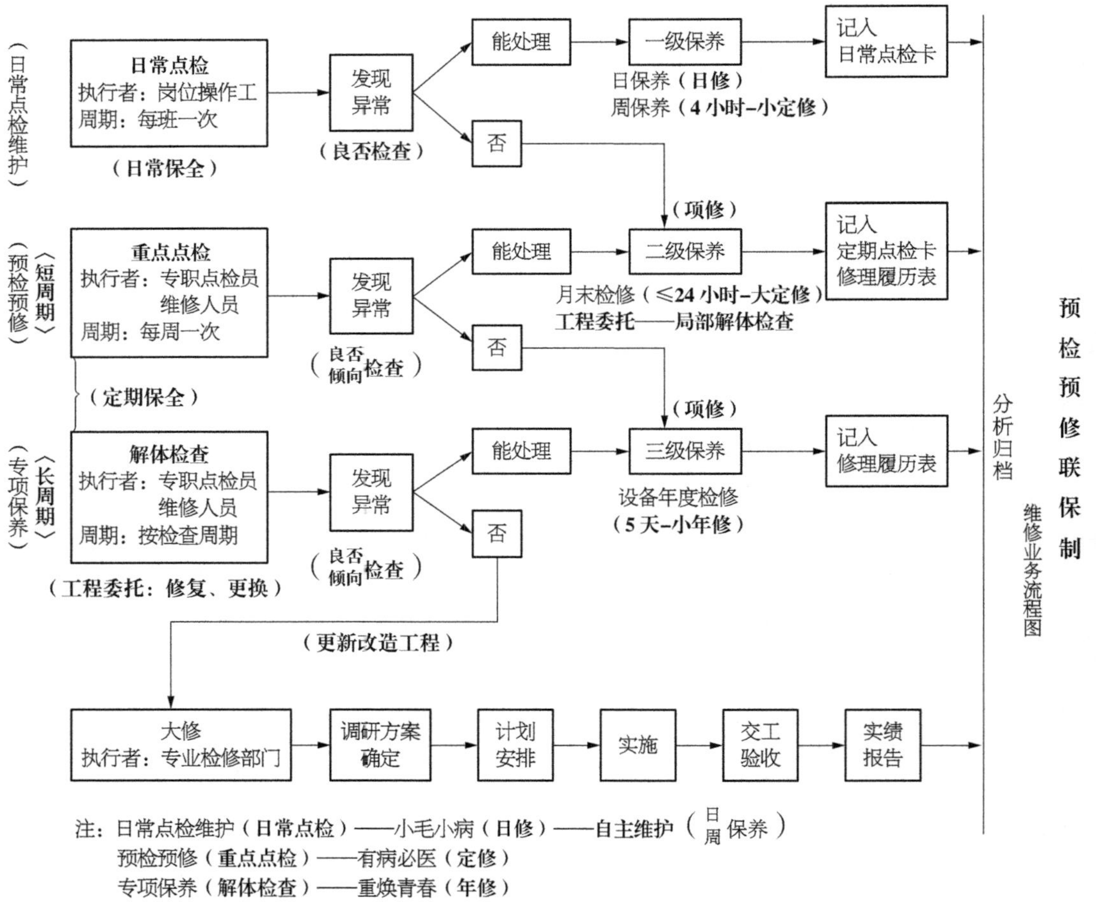

附图 2 某印钞有限公司程序图

从图中不难看出，该公司规定点检分为三种——日常点检、重点点检、专项检查，定期保养分为三级——一级、二级、三级保养，另加大修(当有更新改造任务时方作安排)。二、三级保养的周期并不固定，是依据设备实际技术状态酌情确定。

附图2中，用粗体字标注的是宝钢的称谓，普通字体标注的是某印钞有限公司的称谓，将两者对比可看出其管理模式无实质性差异。

(1) 日常点检维护——由岗位操作人员负责每班进行一次日常点检和一级保养。

日常点检主要凭人的感官按照设备点检规定内容进行，如设备技术状态中的振动、异味、异响、温度、松弛、泄漏、润滑等方面；一级保养分为日保养和周保养，日保养由岗位操作人员当班进行，认真做到班前四件事、班中五注意和班后四件事(班前四件事：消化图样资料、检查交接班记录；擦拭设备，按规定润滑加油；检查手柄位置和手动运转部位是否正确、灵活，安全装置是否可靠；低速运转检查传动是否正常，润滑、冷却是否畅通。班中五注意：注意运转声音；设备的温度、压力、油位；电气、液压、气压系统；仪表信号；安全保险是否正常。班后四件事：关闭开关，所有手柄放在零位；清除铁屑、脏物、擦净设备导轨面和滑动面上的油污，并加油；清扫工作场地，整理附件、工具；填写交接班记录和运转台时记录，办理交接班手续。)，周保养由岗位操作人员在每周末进行，一般设备的保养时间为2小时，主要设备为4小时。周保养内容：外观——擦净设备导轨、各传动部位及外露部分，清扫工作场地，达到内外洁净无死角、无锈蚀，周围环境整洁；操纵传动——检查各部位的技术状况，紧固松动部位，调整配合间隙，检查互锁、保险装置，达到传动声音正常、安全可靠；液压润滑——清洗油线、防尘毡、滤油器，油箱添加油或更换油，检查液压系统，达到油质清洁，油路畅通，无渗漏，无研伤；电气系统——擦拭电动机、蛇皮管表面，检查绝缘、接地，达到完整、清洁、可靠。

(2) 预检预修——由专职点检员负责每周一次的重点点检和二级保养。

重点点检主要由具备一定技能和实践经验的专职点检员凭感官和工具、仪器对设备重点部位进行点检，如设备所处状态中的磨损、损伤、龟裂、弯曲、变形、异常运行、同心度、中心偏差、超载、电气绝缘等。二级保养由专职点检员填写检修工程委托单下达给维修人员执行，通常安排在月末检修，时间不超过24小时。二级保养主要内容是对设备局部拆卸和检查，清洗规定的部位，疏通油路、管道，更换或清洗油线、毛毡、滤油器，调整设备各部位的配合间隙，紧固设备的各个部位。二级保养的主要目的是减少设备磨损，消除隐患，延长设备使用寿命，为完成至下次二级保养期间的生产任务提供设备保障。

(3) 专项保养——由专职点检员负责按检修周期填写检修工程委托单下达给维修人员进行解体检查和三级保养。

解体检查主要是对隐蔽部位、易劣化故障部位的检测，以及性能强度的检测等。三级保养主要内容是对设备进行局部解体检查后的修复或更换磨损件，清洗、换油、检查修理电气部分，以消除二级保养所不能解决的设备隐患，使设备技术状况全面达到规定标准的要求。专项保养通常每年度安排一次，停产检修时间约为 5 天。

某印钞有限公司点检预修管理局部组织机构如附图 3 所示。

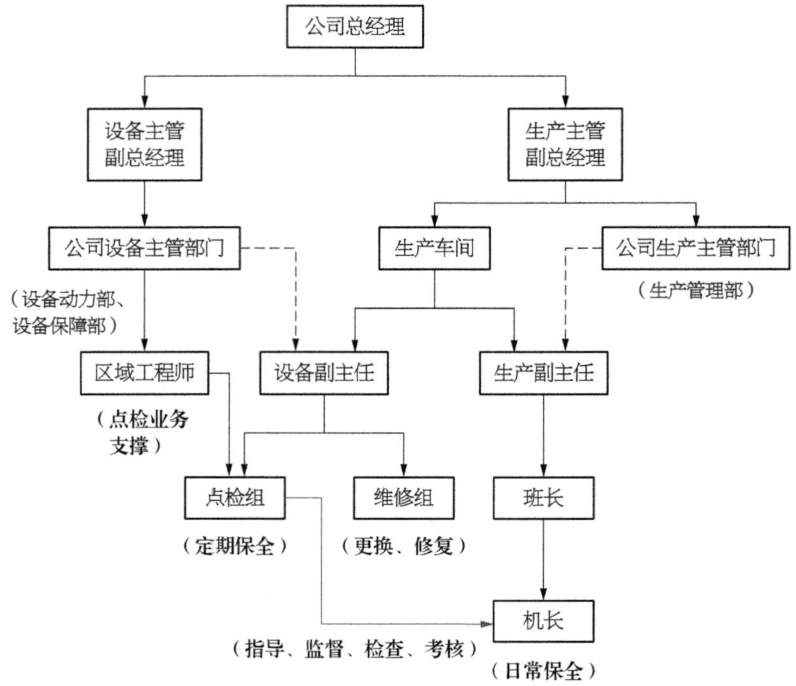

附图 3　组织机构图

某印钞有限公司设备维修动态业务流程图如附图 4 所示。

中国印钞造币总公司自推行设备点检预修制以来，下属各企业相继组建了专职点检队伍，强化点检管理，并配置应用了点检仪、测温仪、振动检测仪等诊断仪器，开展了设备劣化倾向管理工作，从中获取部件劣化数据和故障信息，为决策系统提供可靠的依据。

上述做法，可供目前仍在实行设备三级保养制的企业借鉴。

提示：设备三级保养制度是我国 20 世纪 60 年代中期开始，在总结苏联计划预修制于我国实践的基础上，逐步发展和完善起来的一种保养修理制。它体现了我国设备维修管理的重心由修理向保养的转变，显示了我国设备维修管理的进步和贯彻以预防为主的设备维修管理方针。它是以生产操作者为主对设备进行以保为主、保修并重的强制性维修制度，是实行群管群修、专群结合、搞好设备维护保养的有效办法，这也为推行点检定修制创立了得天独厚的条件。多年来的实践证明，凡原实行三级保养制的企业，则推行点检定修制就相对会顺畅些，因操作者自主维修的理念在企业中早已形成，全员管理的基础已较为扎实。由于印钞企业的设备分类，按其重要程度分为主要设备和辅助配套设备两大类，故今后一

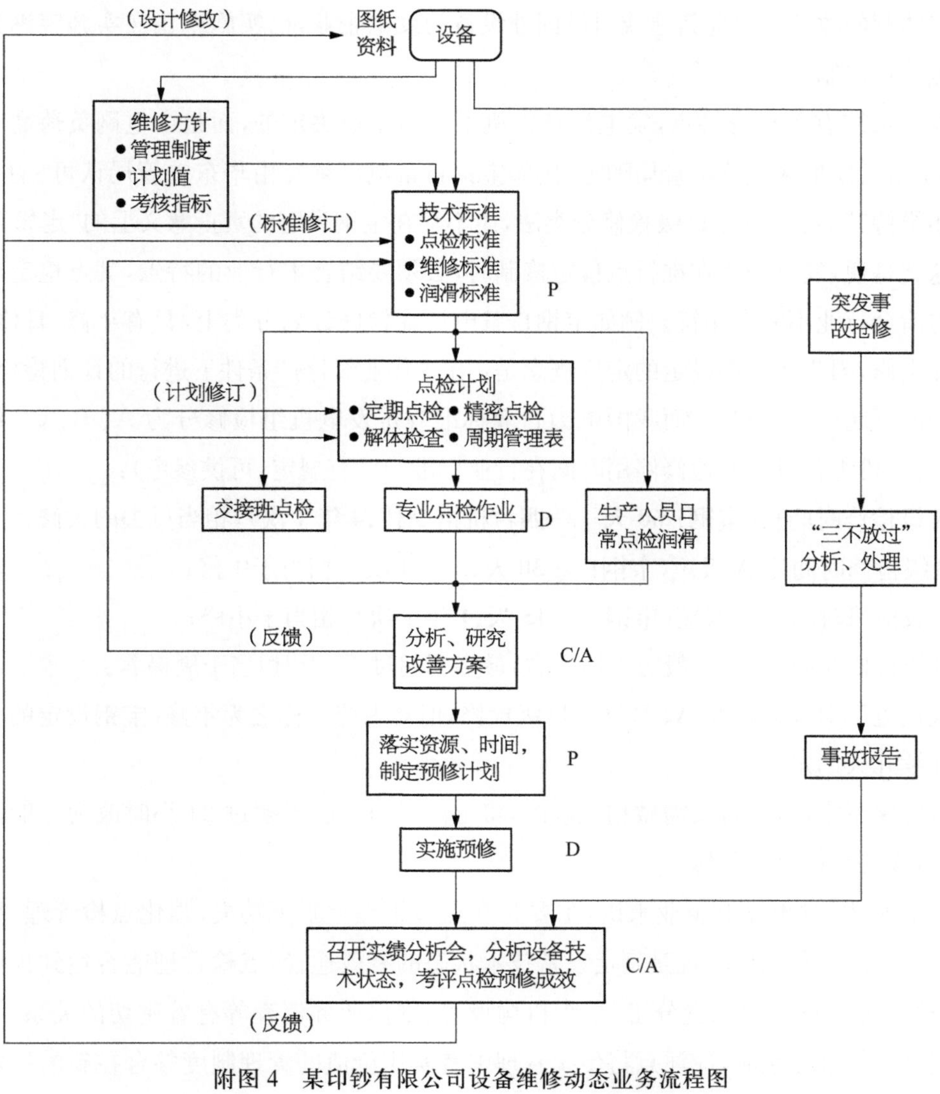

附图4 某印钞有限公司设备维修动态业务流程图

旦实行定修制时，可对定修含义作适当修正，可将主作业线改为主要设备。即定修的含义为：在主要设备停产条件下进行的计划检修。这样，更符合厂情，而不必去照搬照抄宝钢的设定。

案例二：对我国发电企业当前推行点检定修制的评述

目前，电力系统不少发电企业(特别是新建电厂)均已推行状态维修。

随着我国电力工业不断发展，尤其改革开放以来引进了国外先进的发电设备，目前已建成了一大批大容量、高参数、高自动化的发电企业，设备综合效率也在不断提高。但是从总体上来看，尚有部分发电企业的设备维修管理仍还沿用传统模式，特别是老电厂亟待进行维修体制的改革。目前新建或引进国外设备的发电企业，已实施或正在实施宝钢自备电厂的点检定修制。

电力系统有其自身特点，发电设备停机不是由企业决定的，而是由电网负荷需求平衡而定，是由所属地区主管电管局酌定，例如宝钢自备电厂须经由华东电管局认可。并且，至今仍还维持其 A、B、C、D 级检修分类法，而不存在宝钢设定的真正意义上的“定修”概念。

这就是说，发电企业在推行点检定修制时，必须要结合本行业的特点，其点检定修制的内涵与冶金行业不完全相符。例如宝钢自备电厂在检修计划分类上，只有年修、日修，而并不存在定修，因为按宝钢设定的定修概念是：在主作业线停产条件下进行的计划检修，定修时间一般不超过 24 小时。而我国电力行业标准规定发电机组检修分为 A、B、C、D 四个等级（发电机组各等级的检修停用时间在行业标准中已有规定，可供参考）：

A 级检修时间长（**宝钢：60 天——四台机组交替，4 年 1 次**），相当过去的大修；

B 级检修时间比 A 级短（**宝钢：≥30 天，2 年 1 次**），相当于中修；

C 级检修时间比 B 级短（**宝钢：≥15 天，1 年 1 次**），相当于小修；

D 级检修时间最短，一般为 1 周左右，最多不超过 15 天，相当于周保养。

宝钢电厂对外仍宣称 A、B、C、D 级检修，但对内统一称之为年修（宝钢设定的年修概念是连续几天的定修）。

若要保留定修，其含义需做相应修改，将定修时间一般不超过 24 小时改为一般不超过多少天，或将定修改为预修。

综上所述，对于发电企业来讲，主要是在点检管理上狠下功夫，强化点检管理，重点推广点检制。因设备点检管理是判定设备技术状态的有效途径，点检管理能否达到预期的目标，与设备维修管理的职责分工、组织机构设置、维修业务流程等有着密切的关系。另外，在制定维修标准体系时，应注意将传统管理中有实用价值的管理制度整合在新的技术标准和管理标准中。如：设备运行维护在发电企业中普遍执行较好，这是搞好 TPM 的基础（全员）的基础，故不少发电企业在制定维修标准体系时，将“给油脂标准”改写为“设备维护保养标准”，这一改动很符合发电企业自身特点和实际需求。又如：技术监督制度可整合入点检标准内。

发电企业设备维修管理上几个关注点：

1）发电设备的安全、可靠运行是发电企业的主要任务

发电企业主产品（电力）的生产，其特点是产、供、销同时瞬间完成。对此，发电企业的设备维修管理必须确保其设备在计划发电期限内做到安全、稳定、可靠运行，不间断地连续发电。发电企业的全体员工和领导都要围绕这一主要任务而努力奋斗。

发电设备维修管理的目标是使设备技术状态受控。在宝钢设备点检管理制度上明确

规定：生产操作人员(运行工)的主要职责是通过对设备日常点检(运行点检)与日常维护工作，切实做到保持设备稳定运行；而专职点检员的主要职责是通过对设备的点检(含定期点检、精密点检、设备劣化倾向管理)和管理，保持设备的精度和功能。两者各有侧重。

为要使设备技术状态受控，必须建立全员参与的设备维修管理体系(见第1章内的五方关系图)。尤其在生产现场，需要管理方(点检方)、运行方、检修方的共同努力，相互配合，协调一致。

作为一个专职点检员，就是要把自己所分管区域内的设备技术状态把握住，这是应尽的职责，绝不能只满足于消除缺陷这种亡羊补牢的状态，而是要有预防的观念，要树立设备异常、故障为零的目标，从根本上掌握设备的可靠程度，切实做到对在连续生产系统中运行的设备状态了如指掌。只有这样才能使设备长期无故障地运行，使设备综合效率最佳化。

点检定修制确定了设备维修管理的全员参与原则，故点检管理也是一个全员参与的管理体系，通常称之为设备的"五层防护体系"：运行人员的巡视检查为第一层防护；专职点检员的专业点检为第二层防护；专业技术人员和专职点检员共同参与的设备精密点检和技术监督为第三层防护；设备劣化倾向管理和设备异常诊断是第四层防护；对设备的功能与精度检测是第五层防护。当第五层防护被突破——功能与精度下降，就意味着没有管好设备。

2) 推行点检定修制，必须结合发电企业厂情

据了解，中国电力企业联合会火电分会和原电力部于1997年就已提出要推行宝钢的设备点检定修制，首先在华东地区的发电企业全面推行，并由中国电力企业联合会标准化部在2002年上报原国家经贸委，以国经贸电力[2002]973号文正式安排了《发电设备点检定修管理导则》行业标准的制定工作。在所制定的《火力发电企业设备点检定修管理导则》(DL/Z870—2004)中，吸取了当时世界上最新的**优化检修**的理念，提出了这方面的具体做法。其实，**优化检修**的实质就是宝钢开工初期所实施的全员预防维修，那时尚还未达到如今的TPM水准。

生产维修与优化检修相比，前者仅多了一个维修预防手段，对于电力系统来讲，继续采纳优化检修是适用的，关键在于如何强化点检管理工作。对此，务必要建立专职点检队伍，狠抓定期点检、精密点检和设备劣化倾向管理工作，确保设备关键、重要部位状态受控。

优化检修是融预防性检修(**计划预修**)、状态检修(**状态维修**)、改进性检修(**改善维修**)和故障检修(**事后维修**)为一体检修模式，而宝钢生产维修的四种不同的维修手段分别为**事后维修**、**预防维修(状态维修)**、**改善维修**、维修预防，与优化检修类同。

优化检修其目的与生产维修完全一致，是使设备在运行周期内的**可靠性**和**经济性**得到**优化配合**的一种检修模式。目前，我国电力行业标准DL/Z870—2004把优化检修策略作为

一个重要内容予以列入。“导则”提出了设备分类的意见，并界定了哪些设备宜采用何种检修手段。对于要求可靠性程度高的设备，则尽可能在**年度检修**（**计划预修**）中消除劣化，使其处于最佳状态；对于有**备用**的重要辅机，通过合理安排采用点检基础上的检修（**按状态安排检修**），在**平时轮流检修**（检修周期不固定）；对于**不影响发电**可**独立检修**的辅助设备，则不论其检修时间长短，可列入**日修**，或者为降低维修费用，也可列入故障检修（**事后维修**）。应当指出，优化检修的实施，要与加强设备点检管理、技术诊断和技术检测相协调，而且优化检修是一个渐进的过程，是一个全员协调配合、强化各自管理的过程。

对于发电企业来讲，推行点检定修制，它是与优化检修相适应的一种现代化设备维修管理方式，应用这一管理方式，可有效地防止设备的过维修和欠维修，提高设备的可靠性、维修性、经济性。

3）发电企业推行点检定修制后需进行检修分类

发电企业自推行点检定修制后，其检修按其分类的依据不同，有两种分类方法——按检修时间长短分类、按检修性质分类。

（1）设备检修按检修时间长短分类。

① 年度检修（年修）。年修是指检修周期较长（一般在 1 年以上）、检修日期较长（一般为几十天）的停机检修。

② 点检基础上的检修（定修）。对主要生产流程中的设备，按点检结果或轮换检修的计划安排所进行的检修称为定修。定修一般用于不影响连续生产系统的停用或出力降低的附属设备、系统上，其检修时间较短，一般从几天到十几天不等，检修内容包括更换备品配件、解体进行定期精密点检、定期维护、预防性检查和测试、技术诊断和技术监测的需要所安排的解体检修、较大的缺陷转为定修项目等。

定修项目一般在月度计划中安排，如果定修出现在连续生产系统中的主要设备上，产生了停机或严重影响了系统出力，则需要征得电网主管部门的同意，这将会构成非计划停运。

③ 平日小修理（日修）。日修是对设备进行小修理的项目（**宝钢设定的日修含义并不是单指小修理，只要不影响主产品生产线上的设备停机检修均称为日修，而并不是按检修工作量大小来划定**），不需要征得电网同意，也不会影响发电生产系统的运行方式，这种检修项目有的是月度计划中已列入的项目，它的计划一般以周计划的形式下达（**宝钢：周计划、日调整**）。它的检修内容包括：定期维护项目（补加油脂、定期清洗等）、需要检修人员配合的定期点检和定期试验项目、备品配件修复、小缺陷处理等。

（2）设备检修按检修性质分类。

在日常发电检修管理中，设备检修按检修性质不同而有不同的名称，目前我国电力行业的一些习惯称谓有以下几种。

① 定期检修(TBM)。定期检修(**定期维修**)是一种以时间为基准的预防性检修(**计划预修**),即根据设备磨损和老化的统计规律,事先确定检修等级、检修时间间隔、检修项目、需用的备件及材料等的维修手段。

② 改进性检修(PAM)。改进性检修(**改善维修**)是指对设备先天性缺陷或频发故障,按照当前设备技术水平和发展趋势进行改造或改进,从根本上消除设备缺陷和隐患,以提高设备的性能和可用率(**宝钢:有效作业率**),并结合检修过程实施的维修手段。

③ 状态检修(CBM)。状态检修(**状态维修**)是指根据状态监测和诊断技术所提供的设备状态信息,评估设备的技术状况,在故障未发生前进行的维修手段。

④ 故障检修(RTF)。故障检修(**事后维修**)是指设备在发生故障或其他失效时进行的非计划检修。

⑤ 节日检修。在不影响电网调度和事故备用的前提下,经电网经营主管部门批准,发电企业利用节假日进行设备的D级检修。

4) 建立五制配套的基层管理体制

建立与点检定修管理内涵相协调和适应的基层管理体系,是点检定修制能否取得成功的关键所在。

五制是指:计划值管理;点检定修制;设备主管为核心的岗位责任制(**宝钢:作业长制**);标准化作业制;自主管理制。

发电企业五制配套是指:以计划值为目标;以点检定修制为重点;落实各级设备管理人员的岗位职责;建立并推行标准化工作方法;开展以人为本的富有创造性的,运用PDCA工作方法的自主管理活动。发电企业原所设置的基层管理模式应从本企业实情出发,不必照搬照抄宝钢,待条件成熟后,再推行作业长制。

附录 3

对山东石横特钢集团有限公司设备维修管理评价及建议书

山东石横特钢集团有限公司是大型民营钢铁联合企业，自 2011 年下半年确定启动点检定修制的推进工作。作者应邀对该公司设备维修管理工作现状进行实地考察，由于在时间上仅安排 2 个工作日，故重点落在对现场轧钢分厂高线与炼铁分厂高炉两个单元上，而对设备系统内的其他分厂、车间生产线设备和与设备有关的公司职能部门未能考察，只能从装备部所提供的有关资料中做进一步分析，故在总体评价上有局限性。

从所调查的宝钢与石横特钢设备维修管理主要差异分析表中不难看出该公司现有的设备维修管理已在冶金行业中达到了相当高的水平，基础较为扎实，仅次于马钢和临汾钢厂。

现就 2 天的考察结果进行如下评价。

1）现场考察情况

（1）轧钢分厂高线。

整条生产线分两个区域：主轧线区域（前区＋摩根区）由点检工程师负责专业点检及维修技术工作，加热炉区由另一名点检工程师负责，两个人负责整条生产线的专职点检工作（机械专业）。除专职点检外还设置了区域点检，由常日班的检修人员负责定期点检，实行区域包机制。这是该公司点检管理上的一大特色，做到了各负其责。

经考察，现有的专职点检员均参与过工程建设，对设备结构相当熟悉，这对开展点检工作有很大好处。从所考察的对象评价来说，其所设定的专职点检员的主要业务已基本到位，尤其在维修费用管理上有独到之处。专职点检工程师十分重视统计分析工作，如何降低维修成本的理念已在头脑中牢固地树立，这在冶金行业中实属不易。

该厂日常点检分工也与宝钢类似：生产操作人员每班点检 1 次，值班维修人员每班巡检 2 次（比宝钢多一次），查其记录无漏检现象。专职点检工程师对生产操作人员的日常点检切实做到了“指导、监督、检查、考核”。平日在现场实施专业点检过程中，同时也注重日常点检的执行状况，每周一在早会（已形成例会制度）上报告上周操作点检实施情况（计划多少项，实施多少项，查出设备问题处理了多少项）。

该条生产线虽目前尚未增设在线状态监测装置，但在点检手段上采用了高质量的摩根（数据采集器），周期每月 1 次，其属精密点检范畴，已向预知状态维修迈进了一大步。

用摩根可开展设备劣化倾向管理（含趋势图解读、分析、对策、处理——自动生成），主要检测振动、噪音、温度……。在宝钢，设备劣化倾向管理是对防止突发故障的有效对策，是专职点检员一项主要的任务。从现场考察情况来看，这里的专职点检工程师对这项工作也是十分重视的。

抽查精轧机组第 19 架，查出：被动轴螺旋伞齿轮有碰撞现象，经专职点检工程师分析后确认已有 7 年未曾更换过轴承，通过用摩根分析后由于精度下降，齿轮偏移，不在原工作位置上，提出在大修时解决。紧跟着查2011年高线车间设备大修计划表，确认已列入此表内，且在记录上写明经检查螺旋伞齿轮没问题，而是因轴向游隙超标，故更换了轴承，经处理后目前运行状态稳定。

抽查11号轧机（系中轧机组6架中的一架）中10V减速机输出轴，查出：振动噪音增大，已达到使用寿命期，经更换轴承后振动值测定为1.1 mms（更换前2.5 mms，标准值4.5 mms），恢复正常运行。虽更换轴承前振动值在允许范围内，但因有明显异响，最终专职点检工程师决定更换，该专职点检工程师拥有高度的责任感。

存在的主要问题：现有的维修四大标准中，维修技术标准沿用国内原检修规程文字式的表达法，且与宝钢设定的表格式的维修技术标准对照相比，缺少部分内容，建议参照宝钢的样式，专职点检工程师叶毅当场表示他原也有这个打算。

专职点检员所配置的工器具尚不齐全。机旁备件管理上，建议账、卡、物均应由专职点检员负责管理。目前台账由专职点检员分管而实物由维修班保管，虽说领用方便，但不利于账、卡、物做到一致（在宝钢实物领出后，点检员要签字确认）。

检修计划不必经安全部门、装备部审核（应由分厂设备厂长把关）。

(2) 炼铁分厂高炉。

考察炉前日常点检实施情况。目前日常点检分别由生产操作人员、值班维修人员负责，由于分工不同，两者点检内容不一，经查明基本符合要求。

定期点检周期设定为每10天一次，由于只设一名专职点检工，因高炉区域广、点检部位多、工作量甚大，连休假日也得安排点检。与上述的高线同样，专职点检工对生产操作人员的日常点检切实做到“指导、监督、检查、考核”，其在现场也是应用PMS进行点检。

查阅“操作人员日常点检交接班记录表”“液压泥炮日常点检记录表”“液压开铁口机设备日常点检记录表”“岗位交接班本”，尚未发现在表格设置与填写上有异常问题。

查阅“二炼铁车间专职点检作业计划记录表”，发现该表格在设定上将点检标准、点检计划、点检记录三位一体，合并在同一张表上。经简化后便于管理，在目前仍处于手工台账管理阶段的情况下，这种做法是合适的。

查阅“专业点检标准”（定期点检标准）在表格栏目设置上虽然“五定”中缺少了一个点检方法，但因目前专职点检工在上岗时用的工器具配置上只用了测温仪和测振仪，早已不再配置听音棒、点检锤，故可不设置点检方法这一栏目。

查阅设备隐患排除过程，现查出设备隐患后是采用“设备检修通知单”（一式两份）的联络方式，由专职点检工填写检修内容、要求完成的日期，转交维修班，修复后须经维修班长签字，并将“检修通知单”返回专职点检工保存，并且在复验栏内签字。这一业务流程的设定是妥当的。但每逢高炉休风（定修）时，目前采用的是由设备员汇总项目后转交设备科工程技术人员制定检修计划,这种做法欠妥,其结果管理重心上移,在宝钢是由专职点检员负责编制检修工程计划的。

存在主要问题:对高炉区域的设备点检工作,为充分考虑人身安全,应必须同时配置两个点检工赴现场作业,并要配挂上一氧化碳报警器。

2) 综合评价

从所考察的高线、高炉两个单元的设备维修管理现状来看,虽然目前主生产作业线上设备尚还未实施在线状态监测,但对主要生产设备的关键、重要部位均已采用了精密检测与诊断手段,能按所设定的点检周期执行,点检到位率高,查无漏检现象。专职点检员素质较高,责任心较强,故设备基本上处于受控状态,所查出的设备缺陷、隐患能及时予以处理,而且根据设备实际技术状态来安排针对性检修,称为项修。总体来说所考察的高线、高炉两个单元的设备均处于预防维修阶段。

以下是几点建议:

(1) 从装备部所提供编制的设备维修四大标准(样式)中,其中点检标准、给油脂标准、维修作业标准编写得不错,基本符合要求,而维修技术标准在编写上仍然沿用了原国内传统的样式,可操作性较差。因此建议凡通用或特种设备,仍可采纳如同现已编制的起重机类设备维修技术标准样式,公司下属各分厂、车间设备可参照宝钢所编写的维修技术标准样式。

(2) 为要推行点检定修制,必须建立九项设备维修管理制度(设备点检管理制度、设备定修管理制度、设备技术状态管理制度、设备检修工程管理制度、设备维修技术管理制度、设备事故故障管理制度、设备使用维护管理制度、设备维修备件管理制度、设备维修费用管理制度),从该公司所填写的"宝钢与石横特钢设备维修管理主要差异分析表"对照中看到,迄今已制定了设备点检管理办法、设备检修管理办法、设备技术标准管理办法、设备备件管理办法、设备隐患管理办法、设备技术状态评价管理办法、尚缺少设备定修管理制度、设备事故故障管理制度、设备使用维护管理制度、设备维修费用管理制度,故在修订、补充前,首先要做好培训工作,以达所编订的九项制度适应点检定修制的推进。

(3) 目前,该公司设备维修管理系统在组织架构设定上,与宝钢开工初期所设定的结构框架基本上相类同,这样就不会影响点检业务的正常开展,唯独备件计划与仓储管理未纳入装备部分管。因备件管理是设备维修管理不可分割的重要组成部分,在管理体制上应将备件管理与维修管理统成一体,即备件管理主要侧重于备件信息的管理,抓好计划、仓储两个环节,着眼于如何方便于点检员,而绝不是采购的管理。建议把现备件管理的重心(计划、仓储)从物资部划归装备部分管,以利于备件业务的顺利开展。

(4) 要着手抓好"多能工"的培训。"多能工",即"一专多能工",其含义是一个员工要同时具备两个及以上的技术工种和一定等级的操作技能。“一专”是指员工掌握的主工种技能达到四级以上水平，“多能”是指在此基础上至少掌握一门以上与本部门业务相关的工种技能，并能达到二级工水平。从目前该公司的问题是检修分工过细、技术单一、检修时需集中大量人员，但不能在同一时间内充分利用和发挥每个工种人员的作用，一方面造成了人力浪费；另一方面又导致人员紧张。要解决这些问题，需要提高检修员工队伍的技能素质，提高检修有效作业率，而这些必须通过“多能工”来解决。生产操作人员也可通过“操检合一”的途径，培养成为复合型技能人才，即不仅掌握操作技能，而且拥有设备维护保养、常规故障排除的技能。

（5）做好“四个坚持”。

① 坚持标准化作业。设备系统的各项工作都要努力按标准化作业的要求组织实施，做到事事有标准，处处按标准执行，逐步做到管理规范化、科学化、系统化。

② 坚持全员管理。全员管理是现代化设备维修管理的基本思想，是 TPM 的基础，要进一步强化这方面的教育，要把方方面面都调动起来，尤其需要强化“操作者自主维修”的意识，特别要使石横特钢每一个员工懂得，搞好设备维修管理工作是全体员工的共同职责，从而能各司其职、各尽其责，把设备真正管好、用好。

③ 坚持设备维修管理工作为生产服务、生产服从于设备。要正确认识“生产是中心，设备是基础”的辩证关系，因此，设备工作必须以如何满足生产需求、促进生产发展为中心，要研究解决好设备工作本身所存在的问题。

④ 坚持状态维修。要始终贯彻以“防”为主的原则，不能轻预防、重检修，要把主要精力用在“防”字上，要在预知状态维修上狠下功夫。

（6）要制定出使设备“四保持”并有所提高的措施。把设备维修管理工作搞好，保持设备“四保持”并有所提高是根据宝钢实践经验提出的，它不是理论性问题，而是一个需要扎扎实实工作的实践性问题。所谓“四保持”是指保持设备的外观整洁、保持设备的结构完整性、保持设备的精度和功能、保持设备的自动化程度。对此，必须抓好以下两项重点工作。

要抓紧对设备的缺陷和隐患进行处理，分厂或车间设备管理部门要认真组织清查和清理，对已解决的、未解决的、正在解决的设备问题，进行归类、分析，列出明细，对已解决的要做出评价，未解决和正在解决的要限期解决，要制定措施，排出计划，可作为自主改善课题，确定由专人负责，成立课题小组落实改善方案。对于这一问题，要提高到维护企业利益，保证机组效益的高度来认识。设备管理部门要监督和检查点检站完成这项工作。

要结合本单位的实际情况制定出实现设备“四保持”并有所提高的具体实施方案。为适应当前和今后维修技术的发展需要，必须充分调动本单位及协力部门工程技术人员的积极性，使他们能集中精力，在管理上、技术上发挥作用，并有所创新，从而保证完成当前任务和实现长期、安全、持续、顺行。

(7) 进一步加强备品备件的管理工作。该公司内有不少工艺装备技术先进，结构复杂，自动化程度高，在备品备件管理上有一定难度，为要实现设备“四保持”并有所提高，搞好备品备件管理是重要的一环。因此，一定要高度重视备品备件管理工作，当前特别要重视把备品备件管理的基础工作搞好，重点要抓好备件计划和仓储管理两大环节，使备件管理工作适应生产和维修的需要。

其次，为将来缩短定(年)修时间、提高工效，要研究和解决今后定(年)修中的“成套备件”问题。这个问题解决了，检修队伍忙闲不均的现象也会改变，即定修时搞检修，平时搞装配。解决这个问题不但是解决设备定员不足的重要途径，还可以缩短定修时间，降低设备维修成本，提高经济效益。因此，在今后的备品备件管理工作中，分厂、车间应从现在起开始着手考虑这一问题，使这一目标尽早实现。

以上所述的，仅作为我的几点建议，限于时间，了解得还不够全面，恐有不妥，仅供参考。

宋　进

2012 年 01 月 12 日于石横特钢

附录 4

点检岗位及人员设定办法

××集团××钢铁有限公司
设备管理部、人力资源部
关于点检岗位及人员设定办法的有关规定（试行稿）

为进一步加强设备维修管理，深化设备点检定修制的推进工作，减少设备故障、事故停机时间和损失，降低维修成本，确保设备安全稳定运行，提高企业经济效益，经公司设备管理部、人力资源部共同研究，公司决定将现有设备点检业务体系加以完善，建立三级点检业务体系。

现就有关事项规定如下。

点检业务体系及岗位设置原则：

公司实行三级点检业务体系，业务管理组织架构如附图 5 所示。

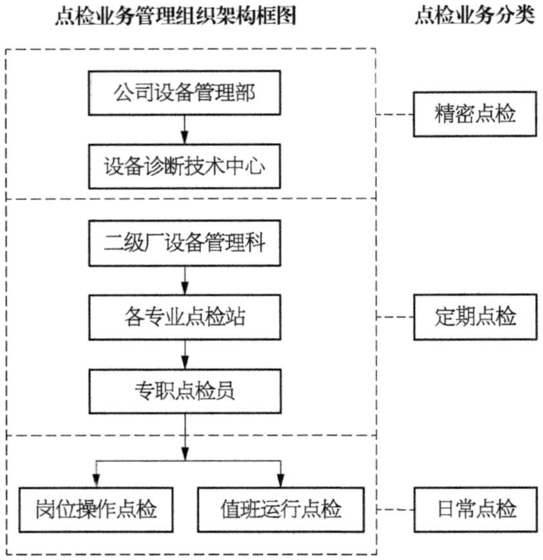

附图 5　业务管理组织架构

点检岗位设置原则

为深化设备点检定修制的推进工作，公司对点检业务实行区域管理，即在各二级厂设置设备专职点检员。

设备点检员按分工不同，分为专职点检员、岗位操作人员、值班运行工三类。为适应点检业务的开展，在二级厂设备管理科内可设置点检站，根据实际需要可按区段划分，站下面可设若干个点检组，每组 3～5 名，以便于管理。

设备的点检分工

设备的精密点检、在线状态监测和故障诊断由公司设备诊断技术中心负责（通常可设在公司设备管理部内或单独设置)。

设备的定期点检由专职点检员负责。

设备的日常点检分别由岗位操作人员和值班运行工负责。

各二级厂设备管理科负责点检工作的管理、监督、指导、检查、考核。

设备管理部负责全公司点检业务的归口管理工作。

岗位操作人员和值班运行工

岗位操作人员是指从其工作属性的角度考虑,除了准确操作设备外,尚需从事日常点检的现有操检合一的岗位操作人员,即岗位操作点检由操作人员兼任,其定员编制按现有编制不变。

值班运行点检是指现有岗位操作人员因设备上的某些部位(点)远离操作岗位或维修技能达不到而不能点检,需要由其实施点检而专门配备或夜间所配备的巡检和运行维护人员,即原值班维修人员(附图6)。值班运行工负责跟班日常点检和日常维护工作,其定员划入检修部门编制,其维修业务归由点检站站长管理。

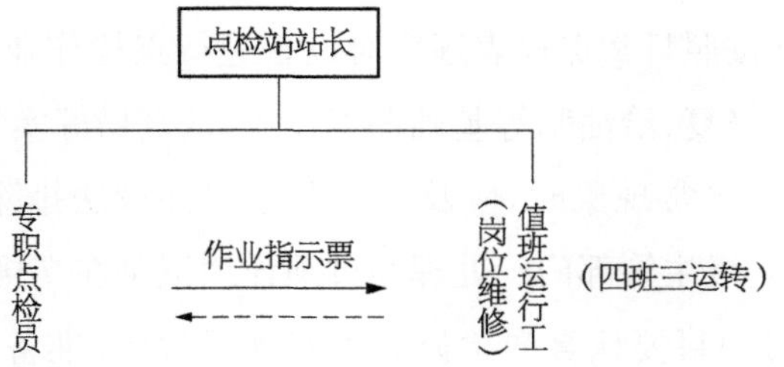

附图6 值班运行点检

点检站站长按专职点检员开出的作业指示票,经平衡后下达任务,该给哪个班干就安排给哪个班干,并加以考核。每月进行工时统计,作业指示票应返回专职点检员签字确认。

专职点检岗位设定的原则

专职点检岗位原则上设机械、电气、仪表三个专业。若有特殊需要,请及时与设备管理部、人力资源部沟通协商。

机、电、仪点检业务及人员原则上统一归属于现有二级厂设备管理科管理。

各二级厂设备管理科应协同人力资源部,按照本规定确定的原则,充分考虑职责、能力、工作量,按区域、分专业拟定切实可行的专职点检定员设置方案,包括点检业务区域结构图、各区域设备数量、岗位设置、定员数量、人员基本情况,在专职点检员配置上,应以负荷饱满和工作量均衡为准则,于×月×日前分别上报设备管理部和人力资源部。

基本定员方案确定后,按专职点检员定员编制,在现有设备维修人员中择优配置,由公司设备管理部和二级厂组织考试，根据岗位资质标准要求，实行竞争上岗。

(一) 点检员职责

1. 岗位操作人员职责

根据点检标准编制日常点检表。

在当班时间内，必须按照日常点检表的要求逐项进行设备日常点检并认真做好记录。

对设备进行日常的清扫、紧固、调整、小修理、给油脂等基础保养工作，当发现设备异常需紧急处理时，要及时处理，自己不能处理的要及时通知值班运行工或专职点检员进行处理。设备异常的处理经过应记录在交接班簿中。

参加设备事故、故障的分析和处理。

夜间抢修时，对抢修项目要认真向检修方做好现场说明，负责检修跟踪与确认，并作好安全确认(三方挂摘牌)工作。

交接班时，应将当班点检情况向下一班交接清楚。

2. 值班运行工职责

根据点检标准编制日常点检表。

在当班时间内，必须按照日常点检表逐项对设备进行点检作业，检查设备的运行情况，并进行清扫、紧固、调整、修复、给油脂等基础保养作业，认真做好实绩记录。

当发现或得知设备有异常现象时，应及时查明原因并设法排除。不能处理时，应及时通知专职点检员或报告上级主管部门。处理经过须详细记录在交接班簿中。

夜间抢修时，对抢修项目要认真向检修方做好现场说明，准备备件、工程材料，负责检修跟踪与确认，并作好安全确认(三方挂摘牌)工作。

交接班时，应将当班点检情况向下一班交接清楚。

3. 专职点检员职责

专职点检员是其所管辖区域的现场设备状态的直接责任者。

制定(或修改)点检标准和给油脂标准。

按照点检标准编制定期点检计划和精密点检计划，进行定期点检和组织实施精密点检。

参加设备事故、故障的分析与处理，提出修复、预防措施。

对岗位操作人员和值班运行工的点检维修业务进行指导、督促、检查和考核，每天查看点检作业卡和有关记录，对日常点检结果进行收集、整理、分析，若有问题时要及时查明情况并及时组织处理，问题及处理经过都要进行详细记录。

根据点检结果或检修周期(指周期管理表上所列的常例工程)适时提出维修计划(含日、定、年修等检修工程计划)、备件、工程材料需用计划，参与重大检修项目施工技术方案的制定。负责检修工程项目的施工管理,做好检修前的备件、工程材料、专用(特殊)工器具的检查确认、准备工作,对检修进度和质量进行跟踪和过程控制,检修结束后对检修方的4S(整理、整顿、清扫、清洁)工作进行检查确认。

根据设备实际技术状态和维修的需要,编制维修费用(年、季、月)预算计划。

搜集设备状态信息,进行设备劣化倾向管理,参与精密点检,及时定量分析、掌握机件的劣化程度。

提供维修记录,进行有关事故(故障)、维修费用等方面的实绩分析,提出改善管理、改善设备的对策和建议。

4. 点检站长职责

全面贯彻点检定修制,全面负责所管辖区域内的设备点检、定修、维护、保养的管理工作。督促专职点检员做好设备点检、维修管理工作,确保所管辖区域内的设备技术状态稳定。

负责点检标准、给油脂标准、定修模型等技术文件的审(复)核工作。

负责责任区域内维修费用的管理,审核设备定修计划设定表、备件、工程材料需用计划,编制维修费用月度预算,按时上报设备管理科。

每月组织召开所管辖区域内的维修实绩分析会,对所发生的设备事故(故障)、检修工程、维修费用进行分析,掌握其原因和趋势,及时采取有效的对策、措施。

负责所管辖区域内的安全管理工作,对本区域内的操作、点检、检修人员执行标准化作业的情况进行监督、检查、考核。

组织对专职点检员上岗的点检到位率、有效率和各类实绩的记录情况(涉及点检台账管理)及岗位操作工TPM执行情况进行监督、检查和考核。

认真做好基准信息(点检标准、点检计划、给油脂标准、给油脂管理表、定修模型、点检周期、定修周期……)变更的审核。

5. 设备管理科职责

全面负责本厂设备点检定修的管理、监督、指导、考核工作,建立健全点检定修管理和考核制度,推进点检定修的标准化作业及各项基础管理工作。

组织对维修技术标准、点检标准、给油脂标准、定修模型等的修订工作。

组织召开月维修实绩分析会,不断提升维修管理水平。

(二) 岗位资质要求

1. 值班运行工资质要求

原则上具有3年及以上本专业的点检或维修实践经验。

较为熟悉和掌握所管辖区域的工艺流程、设备工艺参数,熟悉点检日常业务管理知识,了解区域内设备结构和控制原理，能判断和排除设备故障和隐患，具备对设备进行日常的清扫、紧固、给油脂、修复等基础保养工作能力。

2. 专职点检员资质要求

(1) 点检员资质要求：

具有 5 年及以上本专业的点检或维修实践经验和技能水平，以及解决现场实际问题的能力，接受文化基础知识教育 12 年(相当于高中文化程度)及以上且具有本专业中级工等级资格。

熟悉和掌握所管辖区域的生产工艺流程、设备工艺参数，熟悉点检日常业务管理知识，能熟练判断和排除一般的设备事故，熟悉和掌握区域内设备结构和控制原理，并了解相关专业简单的设备结构和控制原理。

能够较为熟练进行点检业务的操作、记录、查询、统计、分析工作。

具有与相关部门的协调能力和现场施工的组织能力。

(2) 点检组长资质要求：

具有 7 年及以上本专业的点检或维修实践经验和技能水平，以及解决现场实际问题的能力。具有技师资格，或者接受文化基础知识教育 12 年(相当于高中文化程度)及以上且具有本专业高级工等级或助理工程师及以上职称。

全面熟悉和掌握点检业务管理知识，全面熟悉和掌握所管辖区域的生产工艺流程、设备工艺参数，能熟练判断和排除较复杂的设备事故，熟悉和掌握区域内设备结构和控制原理，并了解相关专业的设备结构和控制原理。

能够熟练进行点检业务的操作、记录、查询、统计、分析工作，有较强的综合分析、组织协调和逻辑判断能力。

(三) 有关要求

1. 加强组织领导。全面推行点检定修制，是一项专业性、技术性甚强的系统工程，涉及设备管理、生产管理、资材管理、技术管理、人员管理、安全管理等环节，要充分做好必要的技术、资材、表卡等准备，先培训一批学习和推行点检定修制的骨干力量。公司和二级厂应加强组织领导，成立相关机构和推进领导小组，加强沟通协调，解决在实施中出现的各类问题。

2. 要科学谋划，制定周密方案，实施过程要稳妥有序，积极推进，平稳过渡。在具体实施过程中，要先搞试点，以点带面，成熟一个推行一个，不搞一刀切。

3. 各二级厂要按照新的点检业务体系的要求，留足、配备好各类专职点检员，切实做到责、权、利相统一。各二级厂在未建立新的点检业务体系之前，除个别不能胜任岗位要求和工作量不饱满人员可以进行人员调整外，一般不得随意调整、抽调现有点检岗位人员，以保持人员的相对稳定性。

4. 各二级厂电气装置的高压系统、PLC及自动控制系统、仪控系统等的维修，尽量做到不外委承包，由各家自行承担，请在设定专职点检岗位时予以考虑。

年　　月　　日

附录 5

与点检定修制相关的若干设备维修管理制度业务流程图(仅供参考)

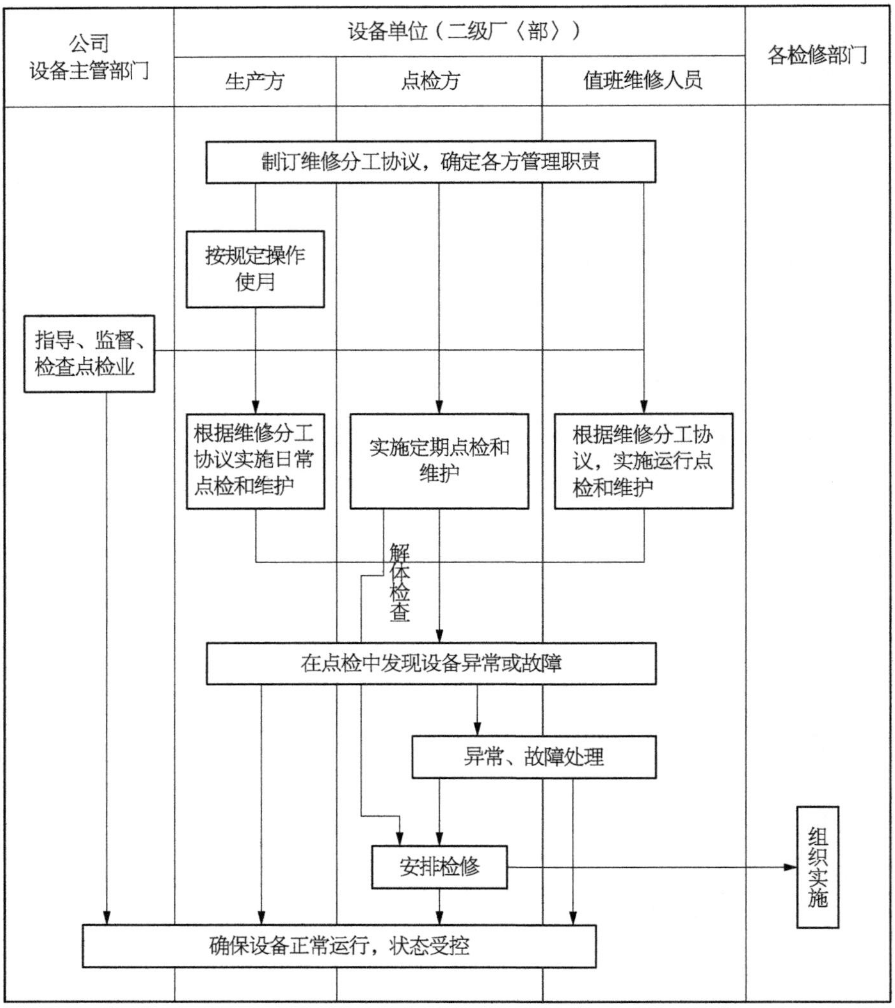

附图 7　设备使用、维护管理业务流程

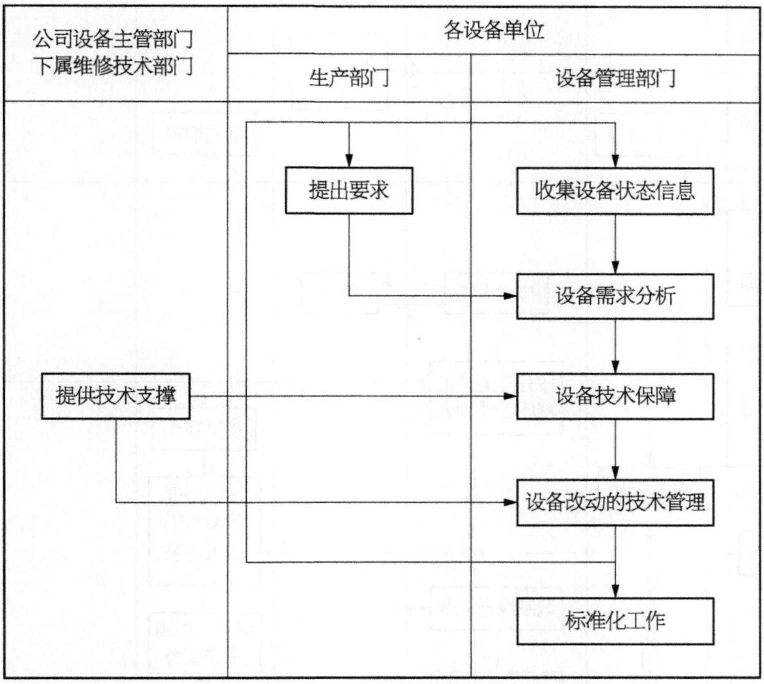

附图8　设备维修技术管理流程

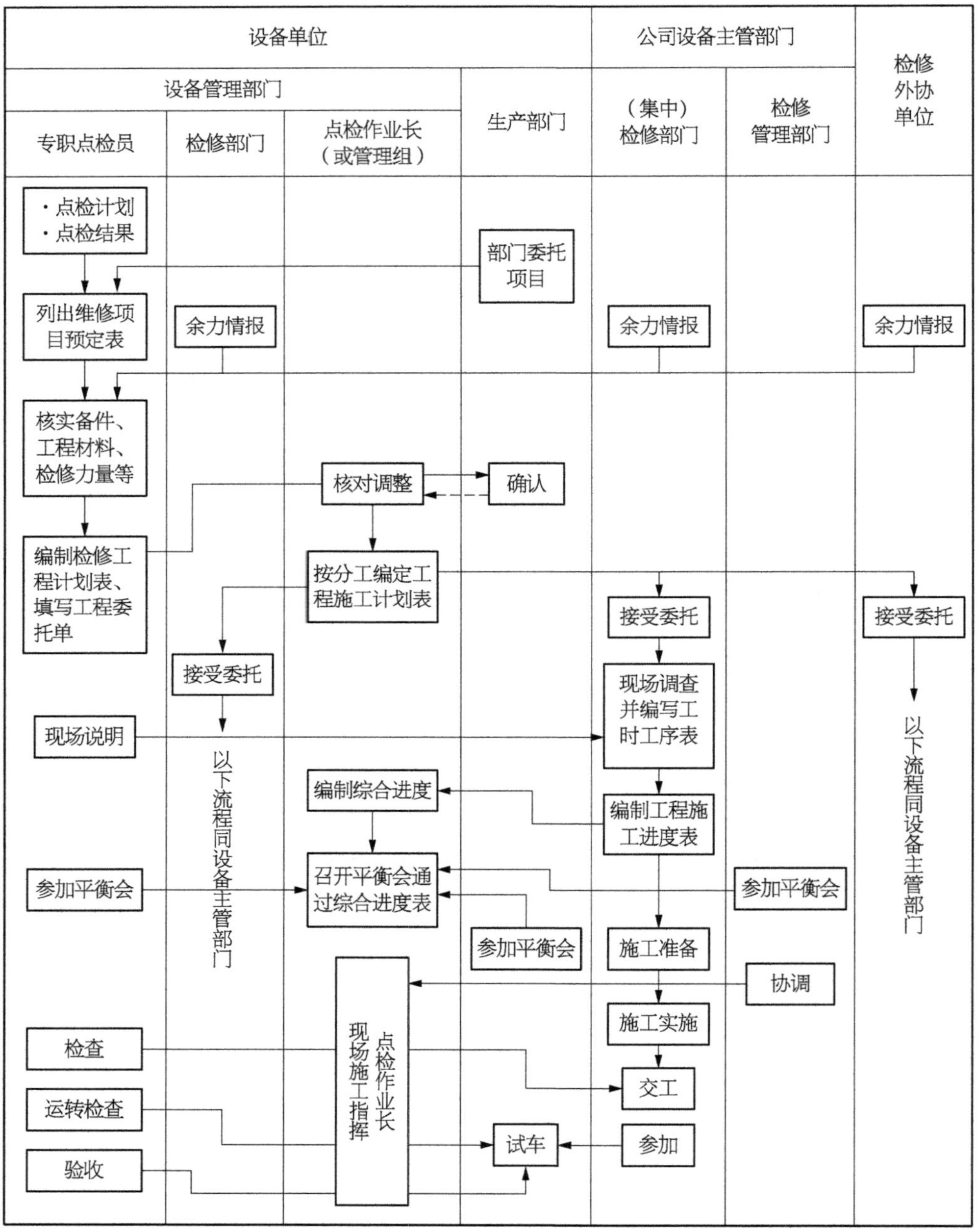

附图 9　检修工程管理业务流程

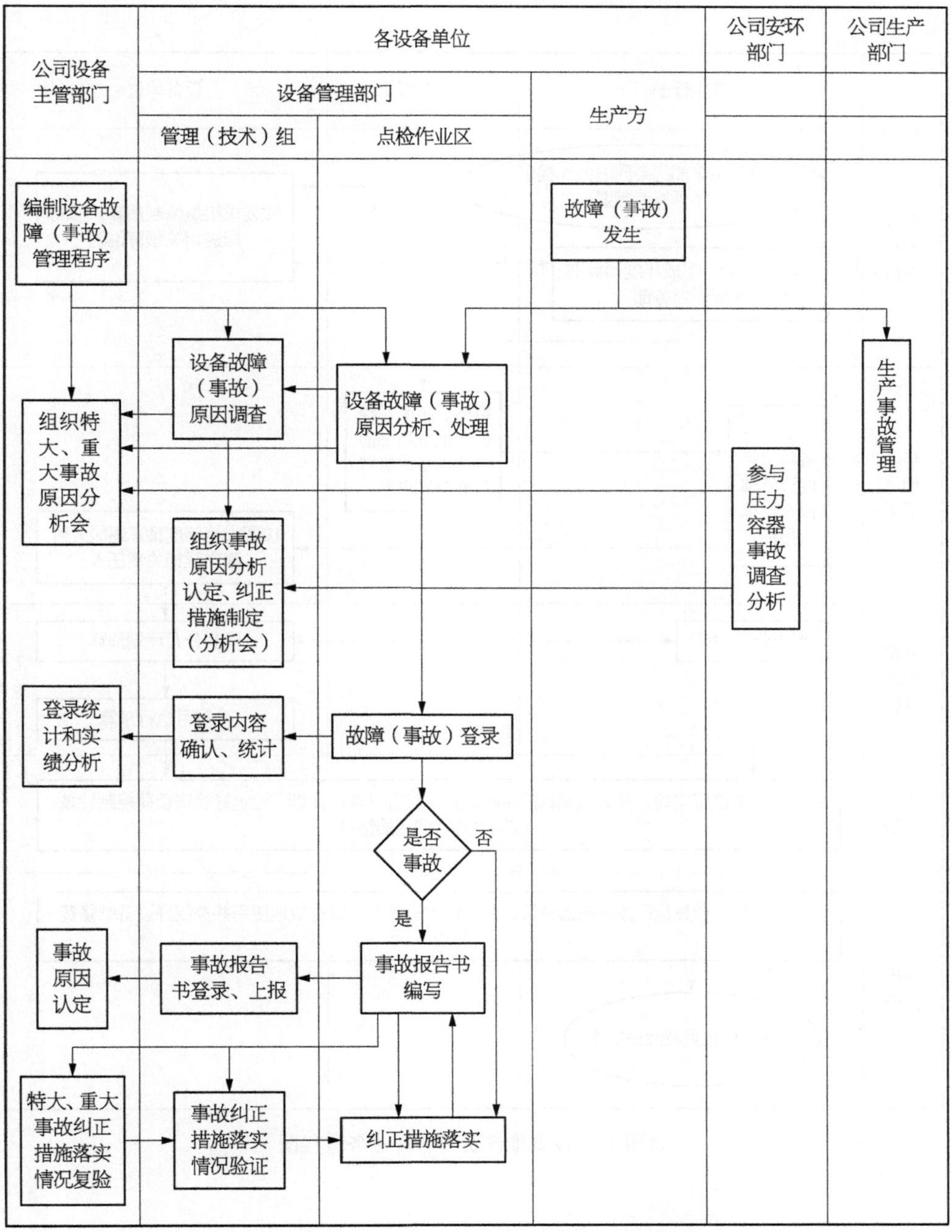

附图 10　设备故障(事故)管理流程

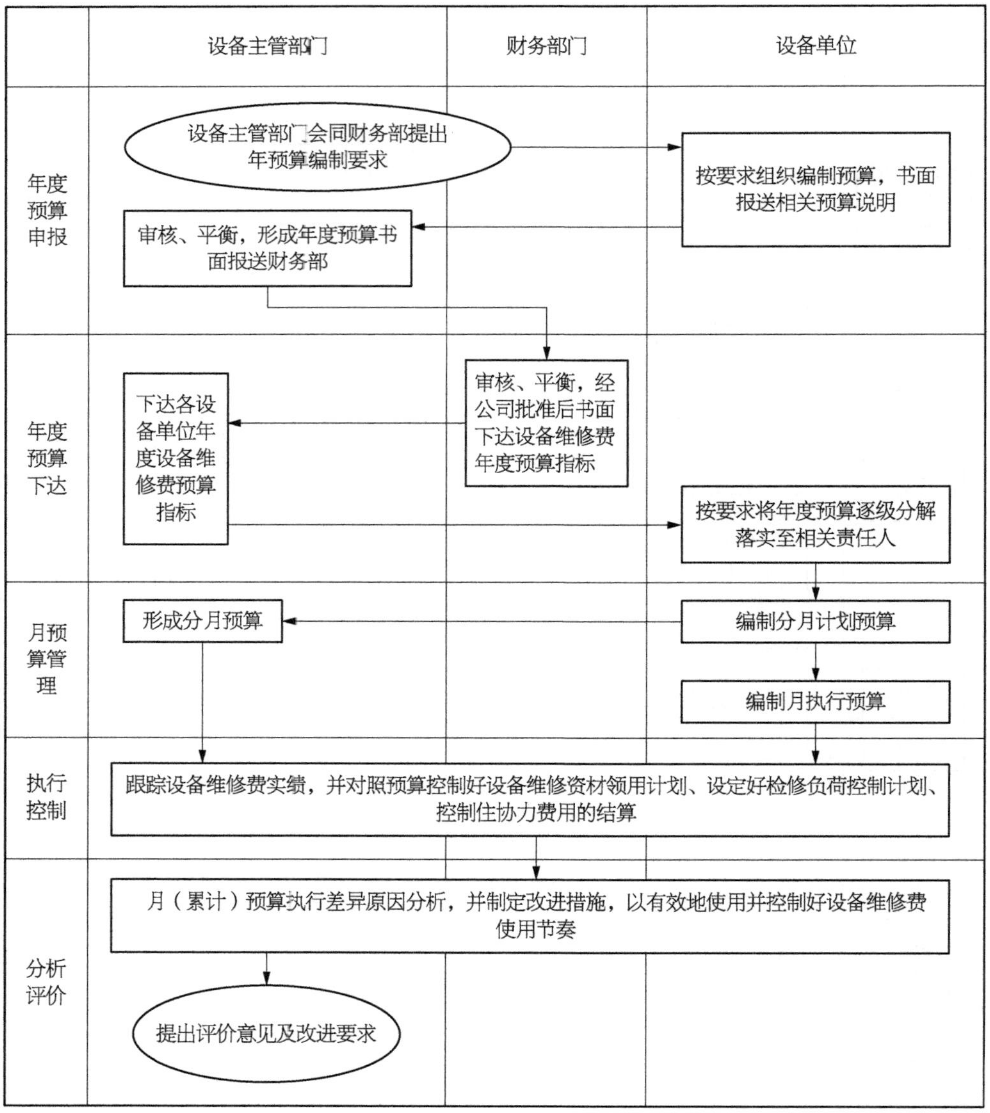

附图 11　设备维修费用管理业务流程图

附录 6

编写“设备使用、维护管理制度”的主导思想及重点内容展述

在“设备使用、维护管理制度”中明确规定：

(1) 必须处理好生产与设备的辩证关系，摆正现代化设备在当今企业生产经营中的应有地位，充分认识其重要性，确保设备稳定运行。

(2) 要求生产操作人员与设备维修人员密切配合，严格履行各自应承担的责任，对设备切实做到准确使用、精心维护，讲究文明、严格管理，使设备保持良好的工作环境和工作条件。

(3) 企业内实行全员维修制，凡参加生产过程的一切人员都要关心和参加设备维修作业，其中生产操作人员负有用好、维护好设备的直接责任，要承担设备的清扫、紧固、调整、给油脂、小补修和日常点检等业务。每当停机检修(尤为定、年修)期间，生产操作人员应主动协同检修人员承担部分力所能及的设备清扫、刷油漆等项维护工作，主动为设备检修创造条件。承担的具体项目和内容，应与维修人员协商确定，并以签订的生产与维修分工协议为准。

(4) 在设备的使用维护方面，强调“三好”“四会”“六不准”。

生产操作人员必须按岗位的要求，切实做到“三好”“四会”。三好——用好设备，管好设备，修好设备；四会——会使用，会维护，会点检，会紧急处理简易故障。

使用设备必须遵守“六不准”规定：

不准拼设备，严禁超压、超速、超载、超温等超负荷运行；

不准乱开、乱拆、乱装、乱割、乱焊；

不准随意改动整定值，严禁取消安全装置；

不准在无润滑状态下运行；

不准考试不合格的人员上岗操作及独立从事维修作业；

不准未持有岗位操作证的人员操作及检修设备。

(5) 各生产部门必须把设备环境划分为责任区，把管理责任落实到车间各作业区、班组及个人。

设备环境管理的标准：无垃圾、无积尘、无积水、无油垢；根据设备性能的要求和工作条件，分别设有防火、防爆、防冻、防腐、防漏、防鼠等措施，无易燃、易爆危险；规定安全走行路线，设置安全标记；各种设备及管道涂色鲜明，易于识别；场地平整，物品堆放整齐。

各作业区、班组及个人对责任区经常开展“四整”活动：整理——把不用的物品清除掉；整顿——把有用的物品有秩序地存放好；整洁——工作场所要每天清扫，责任区要定期清扫，保持清洁整齐；整修——物品、道路、场地、标志、安全防护设施等若有损坏时要及时修复。

(6) 生产操作人员在使用、点检或交接班检查中对所发现的设备问题应作好记录并及时进行处理，若不能处理时应尽快由专职点检员提交值班维修人员处理或列入维修计划。

对设备的清扫工作实行分工负责制，设备的外表清扫工作由生产操作人员负责，生产操作人员不能承担的由其他人员负责，如电气室内设备外表的清扫工作由值班维修人员负责，设备内部的清扫工作由检修工根据专职点检员提出的委托按计划执行。

设备的各部位的螺栓要经常保持紧固状态，为防止松动必须定期检查和紧固。设备内部螺栓的紧固工作，一般都纳入维修计划，平时容易松动的螺栓列为日常点检项目，随时发现随时紧固。

设备的润滑工作：为保持设备在正常润滑状态下运行，必须加强润滑管理工作，凡需润滑的设备都必须严格执行给油脂标准；凡人工或手动注油的设备，由生产操作人员按规定进行注油，难以承担时可由值班维修人员（特种或昂贵油脂由专职点检员加注）按规定进行注油；凡自动注油或一次性注油的设备，由专职点检员委托检修人员按计划定期补加油或更换油脂；点检中发现有漏油时要及时处理；要严格进行油质管理，防止杂物混入，使用的油脂必须有合格证，不准弄错牌号，加油器具要妥善管理，保持清洁。

（7）对设备上的安全防护、行程控制等装置，必须严加监护检查，及时检验。责任分工的原则——谁点检，谁负责。若责任者不能承担时，可委托有关部门的专业人员进行。

附录 7

点检账表的设定与实施

1）作账表的重要意义

点检账表是对设备实施动态管理的基础，表格的设置要做到统一化和规范化。

（1）点检员每日的工作离不开动手和动笔两件事。上午在现场动手点检，下午在办公室动笔搞管理。

（2）点检台账的设计制定、填写及补充修改应是一个完整的管理体系，它与设备维修管理业务流程的各个环节密切相关。建好、用好各类点检台账，可推动点检业务正常开展。反之，则不是流于形式便是在搞盲目维修，便会离开点检管理的正确轨道。例如 PDCA 中的 P（计划）有所遗漏，那么 D（实施）也就会跟着漏检。

对于点检员来讲，不但要系统学习、掌握点检，还面临着建立什么样的点检台账和如何具体建立、实施点检台账的问题。

2）点检台账的基本构成和内容

需要建立的台账甚多，台账之间都有着一定的关联，建账就应按点检定修制所设定的 PDCA 工作循环法从头做起。

（1）点检台账的基本构成。

① 标准类：

○ 维修技术标准

○ 点检标准

○ 给油脂标准

○ 维修作业标准

② 管理类：

○ 日常点检计划表（日点检作业卡、周点检作业卡）

○ 短周期点检计划表（机、电、仪）

○ 长周期点检计划表（机、电、仪）

○ 给油脂管理表

○ 月润滑作业表

○ 班润滑作业表

（月润滑作业表、班润滑作业表相当于日常补油脂计划）

○ 倾向精密点检计划表

○ 机旁专用备件管理台账

③ 实施类：

○ 日常点检记录表（日点检作业卡、周点检作业卡）

○ 定期点检记录表

○ 点检检查表

○ 劣化倾向管理表

○ 精密点检表(由检测部门提供)

④ 实绩类：

点检实绩表：

○ 点检日志(自行设定)

○ 倾向管理实绩记录(与劣化倾向管理表列在同一表上)

○ 精密点检实绩记录(由检测部门提供)

故障实绩表：

○ 设备事故报告

○ 设备故障记录表

定修实绩表：

○ 设备修理履历表

○ 设备档案表

维修费用实绩表：

○ 检修工程委托单

○ 月备件实绩消耗统计表

○ 月材料实绩消耗统计表

(2) 点检台账的内容。

① 基础类台账。

包括设备台账、部件台账、备件台账、装机量表四个部分。

设备台账：亦可称之设备清单或设备档案。对关键、重要设备的性能参数，特别是易损件的规格参数均应一一摘录在案，如直流电机不但要记录电压、电流、转速数、GD2 减速比等，还要记载碳刷材质、尺寸、数量，轴承型号、数量、加油点，出厂编号等数据。清单一纸多机填于汇总表，便于查阅；档案是一机一卡，便于历史记载，如：何年何月发生过何种故障，更换过何种零部件等。

部件台账：记载各类设备的各种部件，特别是列入备件的易损件要一一记录，有多少记录多少，这个工作量甚大，但必须要做。如直流传动盘内部，有各种型号的保险丝、空气开关、继电器、接触器、插件板、指示灯等，而且在盘的型号及数量很多的场合，既要按盘统计，又要按种类统计，需要花上若干个月的时间方能建好。

备件台账：作为备件台账，除应包括备件编号(备件管理号)、设备编号(12 位设备编码)、主机名称、装机量、库存量等内容之外，还应包括库位号、订货情况、消耗情况等。

装机量表：这是从众多设备中列出点检对象的设备清单，以便确定需要点检的设备种类有多少及其数量，这是该类台账中最后要做的台账。

总之，基础类台账是开展点检台账管理的基础工作，有否这类基础类台账，是关系到家底清楚与否的重要标志。

② 标准类台账。

包括维修技术标准、点检标准、给油脂标准、维修作业标准四个部分，即维修四大标准。另外，还应包括操作规程、故障诊断手册等。

这类台账同第一类台账一样，是开工必备的一次性工作。主要是从各类设备使用说明书、产品样本中摘取，同时要结合国家标准、使用特性及凭个人经验进行编制。

维修技术标准：在维修标准体系中，维修技术标准是基础，是编写另三大标准及进一步派生的各种计划、记录图表的技术依据，是贯彻执行点检定修制的重要技术支撑。它反映了设备的性能构造、维修特性和规定设备各部位（点）的维修技术管理值，如温度、压力、流量、电流、电压、尺寸公差等允许值和检查方法。该项标准内容多从 JIS（日本工业标准）、GB（中国国家标准）、MS（企业标准）中摘录有关章节编入，最初可由专业技术人员负责编制，内容要精练，对点检员来说要熟悉、掌握它。

点检标准：分日常、定期点检标准两种。前者主要是从事日常点检的岗位操作人员、值班维修人员使用，后者是专职点检员使用。凡需要点检的都应有标准，如交流电机、直流电机、传动盘、减速机、轧机本体等。点检标准是点检员对设备进行预防性检查的依据，其内容应包括点检部位、点检项目、点检内容、点检周期、判定标准值、点检方法、点检分工，以及在什么状态下进行点检等。该项标准由专职点检员负责编制，并作为制定日常点检计划、定期点检计划和精密点检计划的依据。

给油脂标准：包括设备上全部加油点的给油脂部位、给油脂周期、方法、分工、油脂的品种、规格、数量及检验周期等内容。通常分稀油、干油两种油，加入方法分手动、自动两种。该项标准由专职点检员负责编制，并根据此给油脂标准制定出给油脂管理表，作为对设备进行更换油脂或补油等的依据，各岗位操作人员、值班维修人员根据此给油脂标准来制定给油脂作业卡。

维修作业标准：该项标准应包括某项检修工程的检修方法（即详细作业步骤）、需用的工器具、备件、工程材料、安全事项及检修工时和进度——拆装顺序和每个工序所需的时间等内容，目前，宝钢基本上由检修方施工组编制，交由点检方确认。

③ 管理表类台账。

包括日常点检计划表（1 周以下、1 班、1 天），以及定期点检计划表——短周期点检计划表（1 周～1 个月）、长周期点检计划表（3 个月～3 年）、给油脂管理表。

另设“倾向、精密点检计划表”(系由定期点检计划表派生出来，自实行计算机管理以后，将劣化倾向管理表与精密点检计划表合并在同一表内，便于管理)。

另外，还有设备重要度划分、点检路线图、维修分工协议细则等账表。

“日常”指 1 周以下周期，“定期”指 1 周以上周期，通常可编制 3 年的周期管理表，前者主要为从事日常点检的岗位操作人员、值班维修人员使用。周期管理表的制定看起来并不难，实际上为编好它需要考虑很多因素，有些企业点检活动之所以开展不起来，这与没有一个好的周期管理表有着一定的关系。

标准类台账 ＋ 管理表类台账 ＝P(计划)

④ 实施表类台账。

包括日常点检记录(日点检作业卡、周点检作业卡)、给油脂记录及定期点检记录(含短周期点检记录表和长周期点检记录表)三种。定期点检记录按区域、类别划分，又可细分成点检检查表、劣化倾向管理表和精密点检表三种。这三种账表点检员每日都要记录，是最常用的账表，需认真填写，它是根据预先设定的点检项目建立的实施表，有一个项目就有与它相对应的实施表，因此这部分的账表应占整个点检台账的大部分。现分别介绍如下。

点检检查表：我们知道设备的劣化可分为突发故障型和性能低下型两种。属于前者的点检对象可利用点检检查表进行良否检查，即打○、△、×。好的(正常)打○，坏的(事后维修的)打×，这时应采取紧急补修(紧急作业)或采取临时措施维持生产。重点是打△的设备(发现异常，但未损坏)，要及时纳入补修记录中，作为重点点检对象或把点检周期从 1 周改为 1 天或 1 班等，以便掌握异常的发展趋势，以确定最合适的时间处理它，即达到预防维修之目的。

劣化倾向管理表：系属于可积累数据的性能低下型(设备劣化规律呈渐变)的 A、B 类设备。根据定期测定的数据变化，掌握设备劣化动向，以确定最合适的检修时间。

精密点检表：该表类似于劣化倾向管理，也靠数据积累来判断设备运行状态，只不过把需要动用精密仪器、仪表进行点检的项目划分开来委托给从事设备诊断技术的专业检测公司实施。属于这个范畴的点检项目，用于工业自动化场合的电气方面是较多的，例如开关类试验、电气传动系统测试、高压继保、绝保试验、电网的谐波分析、波型观测等。另在机械设备方面，应力、扭矩、扭振测试、振动噪音测定、油液取样分析、铁谱、光谱分析、轴承诊断等都属于精密点检范畴。为了做到预知维修，防止突发故障在高精设备系统中发生，今后在条件许可的情况下，多在这方面开拓点检项目是很有必要的，即向适应性维修过渡。

总之，针对不同的对象设备，采取哪些点检项目，相应建立哪些点检账表定期实施就可做到预防维修(而不是事后维修)，这是关系到点检员称职与否、点检业务开展成败的关键因素。

实施表类台账 = D(实施) + C(记录、检查)

⑤ 实绩表类台账。

实绩表类台账分为点检、定修、故障、维修费用、设备管理研讨会实绩表等五种表，每月统计一次存档。这五种表可以用公司统一设定的表格填写，但作为专职点检员统计本岗位每周工作实绩时，可以自己设计适用的表格，多采用图表形式表达(少用文字描述，而用数据说明问题)。无论填写什么实绩表，重要的一点要有计划数与实际数的对照比较，例如当月周期管理项目实施了多少项，故障停机时间是多少小时，定修时间的命中率是多少等。

点检实绩表：发现异常数，处理异常数，谁发现，谁处理等内容，还有周期管理实施多少项，倾向管理多少项，精密点检多少项，设备有效率等。具体反映登载在点检工作日志、倾向管理实绩记录、精密点检实绩记录表上。

故障实绩表：不但统计故障次数、停机时间、停产时间、原因与责任方，而且必须要有分析和对策(特别是重大重复事故)。具体反映登载在设备事故报告及故障记录表上。

定修实绩表：不但统计定(年)修项目、工时和定修(时间、项目、负荷)命中率等内容，还要从项目分类分析中统计出周期管理项目(含劣化倾向管理项目)在整个定(年)修项目中的比例是否占 60%(系最低限度)以上。若定修项目纯是日常点检结果或紧急补修项目(即故障处理项目)，那么这个定(年)修项目便失去意义。定修实绩具体反映登载在设备修理履历表和设备档案上。

维修费用实绩表：包括备件、材料消耗定额、检修工时费、外协费、外委措施工程费等。具体反映登载在检修工程委托单、月备件实际消耗统计表、月材料实绩消耗统计表上。

设备维修管理实绩分析会实绩表：每月各分厂(部)自下而上要召开各级设备维修管理实绩分析会，各点检作业区应提供当月的各类实绩，包括点检实绩、故障实绩、费用实绩、定修实绩、备件、材料消耗实绩以及重点管理项目。若把上述实绩统称为设备状态管理的话，那么状态管理再加上下月主要工作就构成会议资料。具体反映登载在各级月维修实绩综合分析报告上。

各点检员虽不参与会议资料的编制，但要提供自己所负责管辖的区域内与设备状态的有关资料。

开会的宗旨是要解决 PDCA 的 C(记录、检查)，在实绩分析的基础上提出改进意见，应包括对标准计划的修改、管理账表的修改、提出改善维修项目、重点管理等的大宗方针，由各点检作业区根据自身具体情况组织实施，以达到 PDCA 的 A(处理、改进)之目的。

实绩表类台账 = C(记录、检查) + A(处理、改进)

3）台账管理的注意点

根据当前点检账表的实施情况，提出以下注意点（仅供参考）：

（1）账表的完整性。点检工作围绕 PDCA 开展，所设定的点检账表上应包括设备管理的方方面面，以使 PDCA 真正运作起来。

（2）账表的实施应相对固定。点检员每日、每月的现场工作都要按照点检台账预先设定的项目、日期等内容去实施，不得随意少做或漏检，要有统一的工作模式，并在实施的前提下，通过设备管理研讨会的评价，不断提高、完善对账表的修改，这是非常必要的，不然就达不到提高之目的，也就失去了点检的真正意义。

（3）求实性。世上没有不要点检的设备。要全面熟悉、掌握设备性能及其点检维护要领，把需要点检的项目一个不漏地列出来，并加以实施，这就是求实性。

（4）实用性。所建立的点检台账应是切合实际、操作性强的，而且要量力而行，要真正起到指导实践的作用。如果台账建立的太繁琐，往往劳而无功，起不到推助作用。

（5）账表记录的准确性。目前，国内企业中对 PDCA 工作循环中的 C、A 两个环节做的不尽人意，尤为 C 这个环节，在实施过程中，对记录的重视度甚差，有的甚至搞虚假记录。对此，必须强调记录要准确，否则全都无效。记录应看成是维修的基础，即必须把设备运行中所发生的每一个问题详细记录下来，方能做出有效的改进措施。

记录务必做到规范化、精细化。故设定记录用点检账表时必须明确干什么用——力求精简。以下为必备的记录账表：点检修理履历表；点检工作日志（设定栏目）；点检检查表；故障记录；事故报告；倾向检查记录；备件材料消耗记录。

4）部分点检账表示例（仅供参考）

附表 1　点检日志

年　　月　　日　　　　　　　　　　　　点检员：

1. 作业记录

当天作业内容	时间				
	8:00	10:00	12:00	14:00	16:00
8:00—8:30 作业区早会	—				
现场点检		—			
台账管理			—	—	

2. 点检异常、故障信息：

3. 检修记录

本日委托(项)		本日施工(项)		本日完工(项)	

检修综述：

4. 物料记录

计划申报、领用、修复委托、机旁备件管理概述：

5. 安全记录

隐患排查、安全学习等简述：

班组长(签字)：　　　　　　　　　　作业长(签字)：

附表 2　日点检作业卡

<table>
<tr><td colspan="3" rowspan="2">日点检作业卡</td><td colspan="2">单元：初轧</td><td rowspan="2">点检者</td><td colspan="2" rowspan="2">甲乙丙丁</td><td rowspan="2">日期</td><td colspan="3" rowspan="2">2009 年
7 月 1 日</td><td rowspan="2">点检状态标记符号
○——运行中点检
×——停机时点检</td></tr>
<tr><td colspan="2">区域：粗轧区</td></tr>
<tr><td>设备编号</td><td>设备名称</td><td>装置名</td><td>点检部位</td><td>点检项目</td><td>点检状态</td><td>判定标准</td><td>点检状态</td><td>甲</td><td>乙</td><td>丙</td><td>丁</td><td>异常记录</td></tr>
<tr><td>110106</td><td>1＃初轧机</td><td>轧辊驱动</td><td>万向接轴</td><td>平衡油缸（上、下）</td><td>动作状态</td><td>动作平衡</td><td>○</td><td>√</td><td>√</td><td></td><td>√</td><td rowspan="3">（填写此栏目时，若异常，应详细记载；若无异常，打“√”确认即可）</td></tr>
<tr><td></td><td></td><td></td><td>制动器</td><td></td><td>间隙调整</td><td>在规定范围内</td><td>×</td><td>√</td><td>√</td><td></td><td>√</td></tr>
<tr><td></td><td></td><td>轧辊传动</td><td>联轴器</td><td></td><td>螺栓松动</td><td>无松动</td><td>×</td><td>√</td><td>√</td><td></td><td>√</td></tr>
</table>

附表 3　周点检作业卡

周点检作业卡			单元：初轧 区域：粗轧区				点检者		甲 乙 丙 丁		日期	自 2009 年 7 月 1 日 至 2009 年 7 月 7 日				点检状态标记符号 ○——运转中点检 ×——停机时点检		
设备编号	设备名称	装置名	点检部位	点检项目	点检内容	判定标准	点检状态				星期							异常记录
							甲	乙	丙	丁	一	二	三	四	五	六	日	
110106	1＃初轧机	轧辊驱动	万向接轴	本体	摆动	无异常摆动	○				√	√	√	√	√	√	√	正常
				平衡油缸（上下）	端盖处泄漏	无泄漏	○				√	√	√	√	√	√	√	正常
					法兰处泄漏	无泄漏	○				√		√		√		√	正常
					软管泄漏	无泄漏	○				√		√		√		√	软管老化、更换

附表 4　某炼钢厂电气设备点检检查表

点检检查表　　设备名称　　副枪	作业长	组长

××××年×月××日　　　天气：晴

名称	点检项目	结果	名称	点检项目	结果
监视盘操作盘	有无变形、异响异味　（看、听、嗅）	○		熔丝有无异常　（目视）	○
	指示仪表是否正常　（目视）	○		MCB 有无变色、松动　（目视、手摸）	○
	信号灯是否良好　（目视）	○		配线有无松动、变色　（手摸）	○
	操作开关有无松动、损伤　（看）	○	限位开关	外观有无异常积灰　（目视）	○
	按钮动作是否良好　（问）	○		配线有无损伤　（目视）	○
	故障指示是否良好　（问、看）	○		位置是否正常　（目视）	○
交流电动机	有无异响异味　（听、嗅）	○		活动杆有无变形、锈蚀　（目视）	△
	外壳有无积、损伤　（目视）	○			
	配线有无过热变色、损伤　（目视）	○	电磁阀	外壳有无损伤、积灰　（目视）	○
	外壳温度是否正常　（手摸）	○		有无异响变色　（听）	○
	有无异常振动　（手摸）	○		配线有无损伤　（目视）	○
	轴承有无异响、过热　（听、手摸）	○		是否过热　（手摸）	○
	轴承给油状态是否良好(从点检窗观察)	○			
	联轴器有无异响　（听）	○	电动阀	位置指示是否正常　（目视）	
	通风是否良好　（目视）	○		有无积灰、损伤　（目视）	
现场操作盘	有无变形、积灰、锈蚀　（目视）	○		配线是否良好　（目视）	
	仪表指示是否正常　（目视）	○		各连接部分有无松动　（手摸）	
	信号灯是否良好　（目视）	○	PLC	外壳有无损伤、积灰　（目视）	
	操作开关安装是否良好　（目视）	○		熔丝配线有无异常与松动（目视、手摸）	
	配线有无损伤松动　（目视、手摸）	○		发光二极管指示是否正常　（目视）	
配电盘继电器盘中继端子盘	有无变形变色　（目视）	○	斜位计	外壳与进线管是否正常　（目视）	
	有无异响、异味、松动　（听、嗅）	○		粒位计状态与指示是否正常　（目视）	
	各指示仪表是否正常　（目视）	○	特记： △·1＃副枪积载限位活动杆变形、损坏，更换 2 只，1＃炉正值炉修，不影响生产，属正常维护。		
	保护继电器有无变色、设定值是否正常　（目视）	○			
	变压器有无变色、异味、积灰　（目视）	○			
机动科电气点检作业区			点检者		

附表 5　短周期点检计划表(机)

设备名称	

编制：________　审核：________

序号	分部 设备名称	点检项目名称	周期	年月	年月																														
				日	1	2	3	4	5	6	7	8	9	10	11	12	13	14	15	16	17	18	19	20	21	22	23	24	25	26	27	28	29	30	31
				计划																															
				实绩																															
				计划																															
				实绩																															
				计划																															
				实绩																															
				计划																															
				实绩																															
				计划																															
				实绩																															
				计划																															
				实绩																															
				计划																															
				实绩																															
				计划																															
				实绩																															

注：√为计划项；△为待处理；○为完好；×为事故；D 为有效作业日；W 为周；M 为月。

附表 6　短周期点检计划表(电)

设备区域	

E1/LD 组　　点检员：

序号	设备编号	设备名称	周期	日	1	2	3	4	5	6	7	8	9	10	11	12	13	14	15	16	17	18	19	20	21	22	23	24	25	26	27	28	29	30	31
				周	二	三	四	五	六	日	一	二	三	四	五	六	日	一	二	三	四	五	六	日	一	二	三	四	五	六	日	一	二	三	四
				计划																															
				实绩																															
				计划																															
				实绩																															
				计划																															
				实绩																															
				计划																															
				实绩																															
				计划																															
				实绩																															
				计划																															
				实绩																															
				计划																															
				实绩																															
				计划																															
				实绩																															
				计划																															
				实绩																															
				计划																															
				实绩																															

注：√为计划项；△为待处理；○为完好；×为事故；D 为天；W 为周；M 为月。

附表 7　长周期点检计划表（机）

设备名	1#初轧机

M——月；Y——年

装置名	名称	周期	年度/月/检查	1989年度												1990年度												1991年度												备注
				1	2	3	4	5	6	7	8	9	10	11	12	1	2	3	4	5	6	7	8	9	10	11	12	1	2	3	4	5	6	7	8	9	10	11	12	
推床	推床平台、长轴瓦盖螺丝紧固	3M	计划		0			0			0			0			0			0			0			0														
			实际		2.3			5.19			8.4			11.5			2.20			5.8																				
	推拉杆托辊更换1、4、7、10、13、16、19、20	1Y	计划											0																										
			实际											延至年修	12.8																									
	推拉杆其他托辊更换	2Y	计划											0																										
			实际											延至年修	12.8																									
	导向杆衬板更换	9M	计划								0									0																				
			实际								延至年修				12.10					延期可用																				
	推床减速箱解体检查	5Y	计划																						0															
			实际																																					

续　表

装置名	名称	周期	年度/月/检查	1989年度												1990年度												1991年度												备注
				1	2	3	4	5	6	7	8	9	10	11	12	1	2	3	4	5	6	7	8	9	10	11	12	1	2	3	4	5	6	7	8	9	10	11	12	
	翻钢减速机更换	2Y	计划																0																					
			实际																延期可用																					
	推拉杆压板间隙调整	3M	计划		0			0			0			0			0			0			0			0			0			0			0			0		
			实际		2.3			5.5			8.29			延至年修	12.8		2.20			5.8																				
	推床抱闸更换1#2#	6M	计划			0						0						0						0						0										
			实际			3.21						延至年修			12.8			3.9																						
	推床抱闸更换3#4#	6M	计划						0						0						0																			
			实际							7.81					延期可用						6.22																			
	1#齿条箱打开检查	8M	计划								0								0								0													
			实际								8.4								改为1年																					

续 表

装置名	名称	周期	年度 月 检查	1989 年度												1990 年度												1991 年度												备注
				1	2	3	4	5	6	7	8	9	10	11	12	1	2	3	4	5	6	7	8	9	10	11	12	1	2	3	4	5	6	7	8	9	10	11	12	
	2#齿条箱打开检查	8M	计划														0							0																
			实际							7.4								3.9																						
	3#齿条箱打开检查	8M	计划										0								0							0												
			实际										延至年修	11.28							6.22																			
	4#齿条箱打开检查	8M	计划		0								0								0																			
			实际		2.13								延至年修	11.28							6.22																			
	推床、翻钢机减速箱窥视孔打开检查	2M	计划	0		0		0		0		0		0		0		0		0		0		0		0		0		0		0								
			实际	1.6		3.21		5.5		7.18		9.8		11.19		1.5		3.9		5.18		7.26																		
	翻钢传动机构解体检查	5M	计划	0					0					0					0					0					0											
			实际	1.6					6.20					延至年修	11.28						6.5																			

附表 8 长周期点检计划表(电)

长周期点检计划表(电)	单元			组长		周期标记	M——月
	区域		作业长	制表			Y——年

NO	设备编号	设备名称	部位项目	周期	项目分类	年 / 月 / 实际	1989 年度												1990 年度												1991 年度												说明
							1	2	3	4	5	6	7	8	9	10	11	12	1	2	3	4	5	6	7	8	9	10	11	12	1	2	3	4	5	6	7	8	9	10	11	12	
4	26411	3 kV配电盘				计划																																					项目分类记号 a定期更换油脂 b定期解体检查 c定期调整试验 d定期修理 f恢复修理 g改善修理 h大修理 i离线大修理 j测绘解体 l技术措施 m其他 n定期外分解点检
						实施																																					
		4B鼓风机	母线及附件	3Y	nc	计划																		○																			
						实施																		●																			
			继电器及联锁	1Y	nc	计划						○												○																			
						实施						●												●																			
			断路器	1Y	nc	计划						○												○																			
						实施						●												●																			
			其他电器	1Y	nc	计划						○												○																			
						实施						●												●																			
	E 02	4B引风机	母线及附件	3Y	nc	计划																		○																			
						实施																		●																			
			继电器及联锁	1Y	nc	计划						○												○																			
						实施						●												●																			
			断路器	1Y	nc	计划						○												○																			
						实施						●												●																			

续 表

NO	设备编号	设备名称	部位项目	周期	项目分类	年 月 实际	1989年度												1990年度												1991年度												说明
							1	2	3	4	5	6	7	8	9	10	11	12	1	2	3	4	5	6	7	8	9	10	11	12	1	2	3	4	5	6	7	8	9	10	11	12	
			其他电器	1Y	nc	计划						○												○																			
						实施						●												●																			
	E 03	3B鼓风机	母线及附件	3Y	nc	计划																○																					
						实施																●																					
			继电器及联锁	1Y	nc	计划				○												○																					
						实施				●												●																					
			断路器	1Y	nc	计划				○												○																					
						实施				●												●																					
			其他电器	1Y	nc	计划				○												○																					
						实施				●												●																					
	E 04	3B引风机	母线及附件	3Y	nc	计划																○																					
						实施																●																					
			继电器及联锁	1Y	nc	计划				○												○																					
						实施				●												●																					
			断路器	1Y	nc	计划				○												○																					
						实施				●												●																					
			其他电器	1Y	nc	计划				○												○																					
						实施				●												●																					

附表 9　倾向、精密点检计划表

设备名称

M. E. I 通用

编制：____　审核：____

序号	装置名称	点检及倾向管理内容	周期	年	年度												年度												年度												备注
				月	1	2	3	4	5	6	7	8	9	10	11	12	1	2	3	4	5	6	7	8	9	10	11	12	1	2	3	4	5	6	7	8	9	10	11	12	
				计划																																					
				实绩																																					
				计划																																					
				实绩																																					
				计划																																					
				实绩																																					
				计划																																					
				实绩																																					
				计划																																					
				实绩																																					
				计划																																					
				实绩																																					
				计划																																					
				实绩																																					
				计划																																					
				实绩																																					
				计划																																					
				实绩																																					

注：○为计划(实绩要求填写日期)；Y 为年；M 为月。

附表 10 长期定修计划表

长期定修计划表		生产厂(部)						钢管厂				管理组长					编制：1989 年 9 月 16 日									
		机动科长										制表					修改： 年 月 日									
类别	生产线设备名称	1990 年上半年						1990 年下半年						1991 年上半年						1991 年下半年						备注
		1	2	3	4	5	6	7	8	9	10	11	12	1	2	3	4	5	6	7	8	9	10	11	12	
定修	钢管热区	←	——	1 次/10 d		——	——	36－16－16 h/M		——	——	——	→	←	——	1 次/10 d		——		36－16－16 h/M		——	——	——	→	
年修	钢管热区、精整区、管加工区								10/11 21 d			⇆									10/11 21 d			⇆		

注：d 为天；M 为月；h 为小时。

附表 11　年度定修设定表

M——月；Y——年

××年度定修设定表	生产厂(部)名	初轧厂	机动科长	组长	制表	编制
						修改
	设定部门	机动科管理组				修改

序号	作业线设备名称	周期	施工日	需要人数/次					本单位可参加人数/次					备注
				机	电	仪	其他	合计	机	电	仪	其他	合计	
定修	初轧轧制设备	3/M	周二、五日	320	110	20	60	510	30	25	8	4	47	
	连轧轧制设备	〃	〃	140	60	/	40	240	25	20	/	4	49	
	板坯精整设备	〃	〃	40	20	/	15	75	/	/	/	1	1	
	方管坯精整设备	〃	〃	80	40	/	15	135	/	/	/	1	1	
				580	230	20	130	960	55	45	8	8	116	
年修	初轧轧制设备	1/Y	90.10.15	600	240	45	200	1 085	40	60	15	5	90	
	连轧轧制设备	〃	〃	260	120	20	100	500	30	25	/	5	60	
	板坯精整设备	〃	〃	80	30	/	60	170	/	/	/	1	1	
	方管坯精整设备	〃	〃	160	60	/	80	300	/	/	/	1	1	
	厂房建设土炉设备	〃	〃	/	/	/	/	530						
				1 100	450	55	440	2 585	70	55	15	10	150	

附表 12　设备故障记录报表

设备故障记录报表					报出单位							机动科长		制表			
												组长		日期			
序号	单元或作业线	设备编号	设备分类号	故障名称及简要情况	专业	故障起迄时间						主作业线停机时间（小时）	设备停机时间（小时）	故障原因		备注
						日、时、分至日、时、分								维修	生产	

附表 13　设备事故报告表

设备事故报告表	生产厂名作业线名		事故名称		主管副厂长 机动科长		作业长 制表		编制日期	

发生日期	主作业线停止时间				设备停机时间				简图·修复进度·其他	
年·月·日	日·时·分		小时·分钟		日·时·分		小时·分钟			
	自		时间		自		时间			
	至				至					

事故情况及排除的技术措施		修理内容	
事故原因及责任分析		事故教训及改进措施	

故障分类	单项设备编号	专业	装置	部位时点	现象	原因	性质	对策			事故损失	事故损失费		减产产品名称	
								技	管	教		设备修理费		减产数量	
代号												产值损失费		修复工时(月·小时)	

注：仅对重大设备事故应需主管副厂长签字。

附表 14　机旁备件管理台账

备件管理号	属性：	计划单价：		原制造厂：
原备件编号	装机数：	年消耗量：	外商推荐量：	现制造厂：（指定点厂商）
新编图号：	单位：	最高贮备量：	备件名称	中文：
备件制造号：	重量：	最低贮备量：		英文：
略图、尺寸及简要说明：				规格型号及材质
				库位号：

本厂各生产线的备件统计				请购及订购情况									
原备件编号	生产线名称	装机数	库存量	委托日期	委托单号	数量	需用日期	合同号	数量	交货期	单价/总价	制造厂	订购者

附表 15　年度半年备件预期使用计划表

八八年度 上○/下 半年备件预期使用计划表 表 5-7	专业区分		生产厂名	机动科长	编制部门：作业长	组长	编制	电话	请购区分
	机械								
	机具								
	电气								
	仪表								
	汽配								

序号	备件编号	零件管理标准项目：名称 / 装置用途功能	型号、规格、内容(图号、材质、尺寸、制造厂、形式等)	属性分类	单位	装置量 / 单重 kg	最小库存量	供应现实情况：供应方式	需要供应周期	计划单价(元)	备件状况区分	期初库存：在库量	期初库存：未交货	1987年3季度 7月	8月	9月	1987年4季度 10月	11月	12月	1988年1季度 1月	2月	3月	1988年2季度 4月	5月	6月	1988年3季度 7月	8月	9月	1988年4季度 10月	11月	12月	1989年 1季度	2季度	3季度	4季度	1990年 1季度	2季度	必要供应量：数量	总金额(元)	国内国外自制
	11-34-18-16	微动开关	2XAPZ-2	B↑	个	38	5	请购			新品②	2			2										1							1				1				
		交直流电源供给部分				0.1		修复			修复品③								1										1					1						
											待修品④		×			2										1							1							

续 表

序号	备件编号	零件管理标准项目						供应现实情况						预期使用时间及数量																								必要供应量		国内国外自制
		名称	型号、规格、内容(图号、材质、尺寸、制造厂、形式等)	属性分类	单位	装置量	最小库存量	供应方式	需要供应周期	计划单价(元)	备件状况区分	期初库存		1987 年 3 季度			1987 年 4 季度			1988 年 1 季度			1988 年 2 季度			1988 年 3 季度			1988 年 4 季度			1989 年				1990 年		数量	总金额(元)	
		装置用途功能				单重 kg						在库量	未交货	7 月	8 月	9 月	10 月	11 月	12 月	1 月	2 月	3 月	4 月	5 月	6 月	7 月	8 月	9 月	10 月	11 月	12 月	1 季度	2 季度	3 季度	4 季度	1 季度	2 季度			

上述表格说明：

（1）属性分类。

① 区分为：事故件 A，计划件 B，常用件 C，准计划件 D。

② 后面记入的使用数量要符合此备件的属性分类考虑基准。

③ 对事故件 A，原则上不记入预期使用数量，但确实已预见使用数量者（如已经故障诊断后判定），可予以记入；对计划件 B、准计划件 D 按照点检结果及长期更换计划记入，这是此表的重点；对常用件 C，原则上记入月平均使用量，如无变动可在最初一个月的栏目中记入后用箭头表示，如："20→"，如有变动则分月记入。

（2）把预期使用的新品数量记入预定的时间栏内。

（3）把预期使用的修复品记入相应的时间栏内。

① 有修复品的在库量或未交货量。

② 有现成的可修复的待修品作后盾。

（4）把可预测到将发生的待修品记入相应的时间栏内。

（5）再次编制期内的计划使用量。本次编制期内已使用量可能与前期计划量有出入，应按实际使用量修正，为统一期初库存的概念（起始点），此阶段量必须记入。

（6）上期已考虑过的使用量的总范围，其中的数字原则上不大有变动，如要修正将修正后的数字记入。

（7）本期应考虑使用量的总范围。

附表 16　________厂（地区）　________年________月备件消耗表

作业区____　　班组____

NO	备件编号	用何设备上	备件名称、规格、单价			原库存量			领用量			现库存量		
			名称	规格	单价	总计	机旁库	地区库	数量	领用人	日期	总计	机旁库	地区库

____年____月____日

附表 17 设备修理履历表

设备编号			备件名称				
NO	委托日期	更换及修理内容	数量	项目类别	完成日期	施工者	工时实绩

点检作业长：　　点检班长：　　填表：　　　　　　　　　　____年____月____日

月 日 修
厂 地区

附表 18 安全确认书 设备检修用

一、检修前"三方会同"时的安全确认事项

	内容	确认人				内容	确认人		
		点检	操作	检修			点检	操作	检修
1	开关小车拉出到试验位				8	电气、机械的保护装置			
2	接地线、短路接地				9	设备检修停车位置			
3	安全圈绳、遮拦				10	机械检修停机状态			
4	动火证及双方负责人								
5	检修用的修理电源								
6	检修中停电、关阀门								
7	煤气缺氧检测								

二、检修施工班组现场安全自检记录

1	小组成员的安全帽及劳保用品穿戴	11	现场使用仪器仪表的可靠性
2	工程的范围和施工方法向小组交底	12	特殊工程的操作证
3	施工前安全会及施工"危险预知"事项	13	电容性电路施工前的放电工作
4	检修用工器具的准备、量具的校验	14	夜间作业应携带的照明灯具
5	使用的钢丝绳、葫芦、保险丝的检查	15	缺氧作业时的煤气预防面罩
6	高空作业、防止跌落、多层作业的安全措施		
7	用梯子或脚手架时的防滑、防松措施		
8	管路中缺氧、槽罐中残油、盲板的装置		
9	机械联锁、止动垫块、道木填塞等装置		
10	氧气、乙炔等有气装置齐全可靠		

三、动火时的安全确认事项

1	动火的地域(1 级、2 级、3 级)
2	本组内及附近可燃物的品种、数量
3	防火用的消防材料的品种、数量
4	动火时现场的监护人

在序号格内做记号：
"○"表示"需要""已完成""有""准备好""/"表示"不要"，"未做""没有"，"不用"

四、检修结束后的安全确认事项

1	检修现场清理、整顿完毕
2	动火结束后，现场整理，火源熄火
3	为检修设置的机械联锁，止动垫块拆除
4	检修用的工器具已收齐，没有遗留在现场
5	"检修牌"已全部拆除，组员全部撤离

检修开工证	
工程名称	
检修班组长	
开工时间	
经三方会同，现场安全确认，准予开工 签证： 会签：	
点检员	开工操作人

检修交工证	
检修结束，经点检员安全确认，同意在安全联络卡上验收签证	
交工时间	
检修班组长	

附录 8

宝钢与其他公司设备维修管理主要差异分析

为便于其他公司与宝钢在设备维修管理上对标找差，特制定下表，以供参考。

附表 19　宝钢与其他公司设备维修管理对比

项目	宝　钢	其他公司
管理模式	设备点检定修制	
生产特点	连续式流程型生产作业线，四班三运转	
组织机构	建立以点检为核心的设备维修管理体制，设专职点检员，归属设备维修管理部门分管，修、检分开	
维修手段	以各类点检所汇集的设备技术状态信息为基础的项目维修模式(即：状态维修——以“防”为主)	
检查方式	点检实行“五定”(定点、定法、定期、定人、定标)，并作为制定点检标准的依据 开展精密点检和设备劣化倾向管理工作，以达预知维修之目标 点检分类： 日常点检——生产操作人员或值班维修人员实施，周期 1 周内，主要靠感官检查 短周期点检——点检员实施，周期 1 个月内，靠感官或简单工具、简易仪器 精密点检——点检员组织实施，周期 1 个月至 1 年内，应用精密诊断技术	
维修对策	生产计划中包含定修计划，维修作业严格执行时间进度 由不同层级维修人员负责 维修类别： 日修——不需要主作业线停产条件下进行的计划检修，由常日班维修人员负责 定修——主作业线停产条件下进行的计划检修，主要由常日班维修人员负责，维修时间一般不超过 24 小时，从安全角度考虑，只安排在周二至周四进行 年修——连续几天进行的定修，主要由常日班维修人员负责	
支撑体系	维修管理制度： 设备点检管理制度 设备定修管理制度 设备使用维护管理制度 设备检修工程管理制度 设备维修备件管理制度 设备维修技术管理制度 设备技术状态管理制度 设备事故故障管理制度 设备维修费用管理制度	

续 表

项目	宝 钢	其他公司
支撑体系	维修标准体系： 维修技术标准——由专业技术人员编制，是编订另外三大标准及进一步派生的各类计划、记录的技术依据 点检标准——由专职点检员负责编制，是点检员对设备进行预防性检查的依据 给油脂标准——由专职点检员负责编制，是各岗位操作人员、值班维修人员和常日班检修工补油或更换油脂的依据 维修作业标准——由检修部门负责编制，交由点检员确认	